Im Spaßbad

Preise im Spaßba

Für 2 Stunden		Zehnerkarte	
Erwachsene:	6,50 €	Erwachsene:	79 €
Kinder bis 10 Jahre:	4,50 €	Kinder bis 10 Jahre:	59 €
Tageskarte		Für Kinder, die kleiner als 1 m sind, ist der Eintritt frei.	
Erwachsene:	9 €		
Kinder bis 10 Jahre:	7 €		

1 Die Zwillinge Rico und Lia Sieger (8 Jahre) besuchten in den Sommerferien mit ihren Eltern und ihrem Bruder Daniel (6 Jahre) immer montags das Spaßbad. Sie kauften jedes Mal eine Tageskarte. Im Spaßbad trafen sie meistens auch Lias Freundin Jana.

a) Kreuze die passenden Fragen an.

	Kann ich beantworten.	Kann ich nicht beantworten.	Ergebnis
1. Wie oft war Familie Sieger im Spaßbad?	○	○	______
2. Für wie viele Personen musste sie Eintritt bezahlen?	○	○	______
3. Wie alt ist Ricos und Lias Papa?	○	○	______
4. Wie lange blieben sie genau im Spaßbad?	○	○	______
5. Bezahlen Rico und Lia den Eintritt selbst?	○	○	______
6. Wie viel Geld bekommt Rico zurück?	○	○	______
7. Wie viel bezahlen Erwachsene für eine Tageskarte?	○	○	______
8. Wie viel Geld sparen Erwachsene bei einer Zehnerkarte?	○	○	______

b) Finde die Eintrittspreise heraus.

Erwachsene bezahlen für zwei Stunden ______ €. Achtjährige Kinder bezahlen ______ € für eine Tageskarte und sechsjährige Kinder ______ €. Eine Zehnerkarte kostet für elfjährige Kinder ______ €.

Erfinde eine eigene Textaufgabe mit Preisen vom Spaßbad.

____

____

____

____

____

____

c) Wie viel Geld musste Familie Sieger **für die Kinder** bei **einem** Besuch im Spaßbad bezahlen?

Antwort: Familie Sieger musste ______________________________

____

Wie viel Geld musste Familie Sieger **für alle Familienmitglieder** für **alle** Besuche bezahlen?

Antwort: ______________________________

____

1 a) Fragen, die man nicht beantworten kann, erhalten in der Ergebnisspalte einen Strich.
b) Preise mit Hilfe der Preistafel oben herausfinden. Evtl. Eintrittspreise vom eigenen Spaßbad herausfinden, Preistafel gestalten und Preise vergleichen.

Im Spaßbad

2 Ricos und Lias Sommerferien dauerten sechs Wochen und vier Tage.
Sie begannen am 11. Juli.
Am Montag mussten sie wieder zur Schule gehen.
Ihr kleiner Bruder Daniel wurde am Dienstag eingeschult.

	Juli				August				Se
Mo	8	15	22	29	5	12	19	26	
Di	9	16	23	30	6	13	20	27	
Mi	10	17	24	31	7	14	21	28	
Do	11	18	25	1	8	15	22	29	
Fr	12	19	26	2	9	16	23	30	
Sa	13	20	27	3	10	17	24	31	
So	14	21	28	4	11	18	25	1	

a) Kreuze die passenden Fragen an.

	Kann ich beantworten.	Kann ich nicht beantworten.	Ergebnis
1. Wie viele Stunden hatte der erste Schultag nach den Ferien?	○	○	______
2. Wie viele Wochenenden lagen in den Ferien?	○	○	______
3. An wie vielen Tagen regnete es in den Sommerferien?	○	○	______
4. Welches Datum hatte der erste Tag der Sommerferien?	○	○	______
5. Wann war der erste Schultag nach den Sommerferien?	○	○	______
6. An welchem Datum wurde Daniel eingeschult?	○	○	______

TIPP b) Lies dir die Fragen genau durch. Unterstreiche dann **oben in der Textaufgabe** die Informationen, die du zum Rechnen brauchst:

Wie viele Tage dauerten die Sommerferien?

Antwort: Die Sommerferien ______________________

Wie viele Stunden dauerten die Sommerferien?

Antwort: ______________________

c) Wie lang waren deine Sommerferien in diesem Jahr?
Nimm einen Kalender zu Hilfe.

Datum des ersten Tages meiner Sommerferien: ____________
Datum des letzten Tages: ____________
Das waren insgesamt ____ Wochen und ____ Tage.

Datum des ersten Tages meiner Sommerferien: ____________
Datum des ersten Schultages: ____________
Das waren ____ Tage. Das waren umgerechnet ____ Stunden.

2 a) und b) Evtl. eine analoge Aufgabe zu den eigenen Sommerferien verfassen.

Im Spaßbad

3 Rico, Lia, Tim und Jana wollten im Spaßbad wissen, wer am längsten ohne Pause schwimmen konnte. Rico schwamm 15 Minuten lang hin und her. Das war neun Minuten länger als Lia. Tim schwamm drei Minuten länger als Rico, aber sechs Minuten weniger als Jana. Eine Bahn im Spaßbad ist 25 m lang.

a) Kreuze die passenden Fragen an.

	Kann ich beantworten.	Kann ich nicht beantworten.	Ergebnis
1. Wie viel Minuten schwamm Lia?	◯	◯	______
2. Wie viele Bahnen schwamm Ricos Vater?	◯	◯	______
3. Wie viel Meter schwamm Rico insgesamt?	◯	◯	______
4. Wie viel Wasser schluckte Jana beim Schwimmen?	◯	◯	______
5. Wer schwamm am längsten?	◯	◯	______

TIPP b) Lies dir die folgende Frage genau durch. Unterstreiche dann **oben in der Textaufgabe** die Informationen, die du zum Rechnen brauchst:

Wie viel Minuten schwamm Tim?

Antwort: Tim schwamm ______________________

____

Wie viel Minuten schwamm das Kind, das am längsten durchhielt?

Antwort: ______________________

____

4 Rico tauchte 14-mal und holte einen Ring vom Boden des Beckens hoch. Tim holte den Ring doppelt so oft hoch, Lia nur halb so oft wie Rico. Jana las auf dem Schild am Rand: **Wassertiefe: 2 m**

a) Kreuze die passenden Fragen an.

	Kann ich beantworten.	Kann ich nicht beantworten.	Ergebnis
1. Wie oft tauchte Jana?	◯	◯	______
2. Wie viel Minuten war Lia unter Wasser?	◯	◯	______
3. Wie tief war das Wasser?	◯	◯	______
4. Wie oft holte Rico den Ring nach oben?	◯	◯	______

b) Wie oft holten Lia und Tim den Ring nach oben?

Lia: ______________________

Tim: ______________________

3 Gruppenarbeit: Im Schwimmunterricht ausprobieren, wie lange man selbst ohne Pause schwimmen kann. Evtl. eine Liste mit Kindernamen und Schwimm-Minuten erstellen.

Im Spaßbad

An der Rutsche müssen Rico und Lia warten, bis sie rutschen können. Um zehn Uhr warten sie zwei Minuten, eine halbe Stunde später warten sie dreimal so lange. Als sie um 10:45 Uhr noch fünf Minuten länger warten müssen, beschließen sie, erstmal ins Wellenbad zu gehen. Nach zehn Minuten stoppen die Wellen. Schnell gehen sie zurück und müssen nur noch halb so lange warten wie um 10:30 Uhr.

A Denke dir eine Frage aus, zu der man etwas rechnen kann.

___

B Schreibe eine Frage auf, zu der man **nichts** rechnen kann.

___

C Sven sagt: „Wenn ich ausrechnen will, wie lange Lia um 10:45 Uhr gewartet hat, muss ich $2 + 3 \cdot 5$ rechnen." Stimmt das? Begründe.

___

___

___

D Wie lange müssen Lia und Rico nach dem Wellenbad an der Rutsche anstehen? Sara hat dazu diese Zeichnung gemacht:

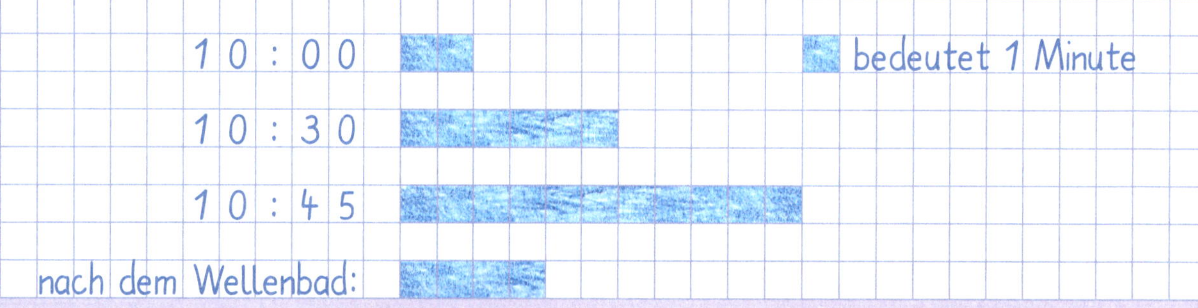

Saras Ergebnis ist „4 Minuten". Sieh dir ihre Zeichnung genau an und finde heraus, wo ihr Fehler steckt. Kannst du ihn verbessern? Zeichne oder schreibe.

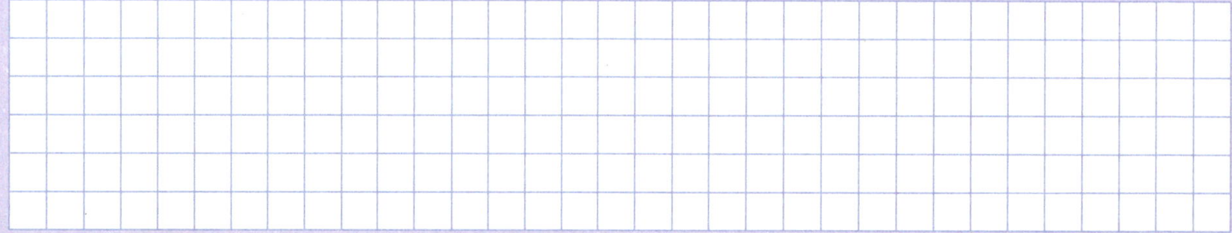

Auf der Kirmes

1 Das Schaubild zeigt die Anzahl der Besucher der Kirmesstände.

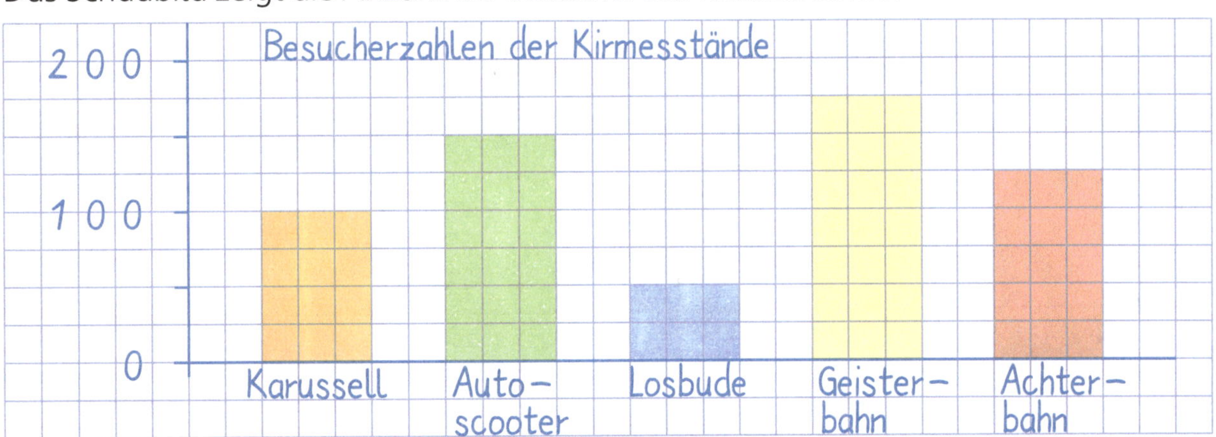

a) Trage die Anzahl der Besucher in die Tabelle ein.

Kirmesstände	Karussell	Autoscooter	Losbude	Geisterbahn	Achterbahn
Besucher					

b) Welcher Stand hatte die meisten Besucher?

____

2 Kann das stimmen? Kreuze an.

	Kann stimmen.	Kann nicht stimmen.
1. Die meisten Besucher waren in der Geisterbahn.	○	○
2. An der Losbude waren die wenigsten Besucher.	○	○
3. Die Geisterbahn hatte doppelt so viele Fahrgäste wie das Karussell.	○	○
4. Beim Autoscooter waren 3-mal so viele Besucher wie an der Losbude.	○	○
5. Im Autoscooter fuhren 50 Gäste mehr als in der Achterbahn.	○	○

2 Aussagen überprüfen. Richtige Aussagen begründen. Zwei Aussagen sind falsch.

Auf der Kirmes

3 Besucherzahlen beim Pfeilwerfen.

Wochentag	Montag	Dienstag	Mittwoch	Donnerstag	Freitag	Samstag	Sonntag
Besucher	125	50	200	100	175	225	250

a) Zeichne ein Säulendiagramm.

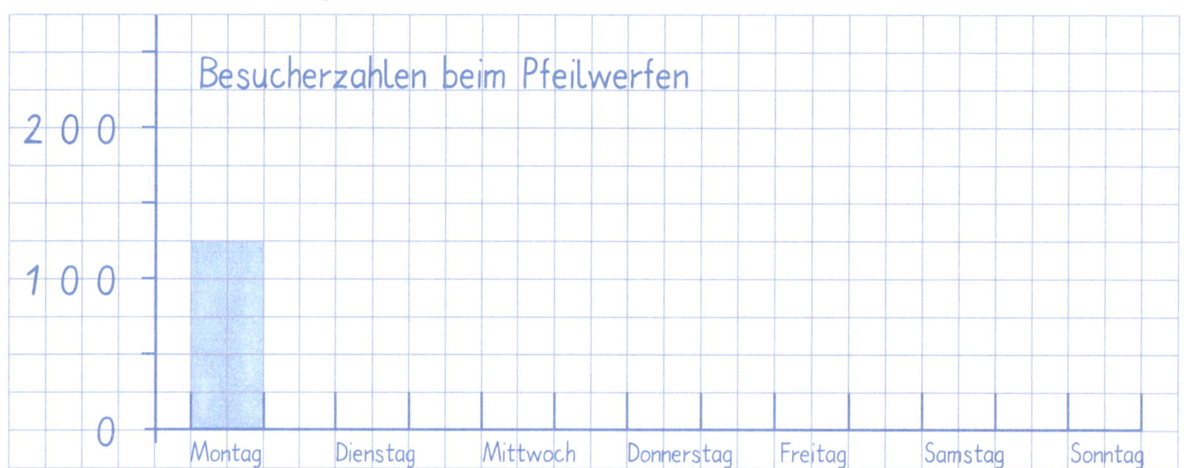

b) Am Wochenende kamen
______ Besucher zum Pfeilwerfen.

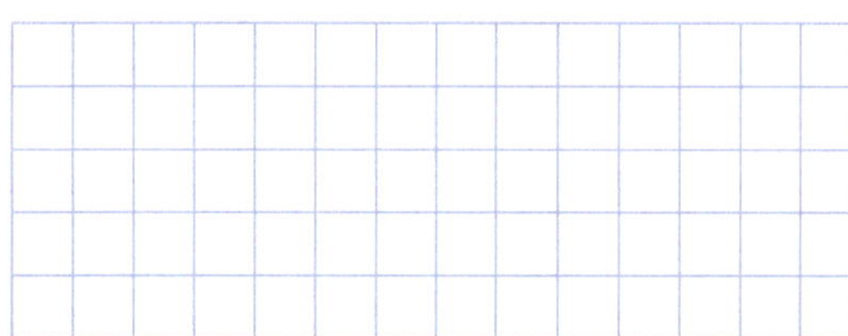

Wie viele Besucher kamen in der gesamten Woche zum Pfeilwerfen?

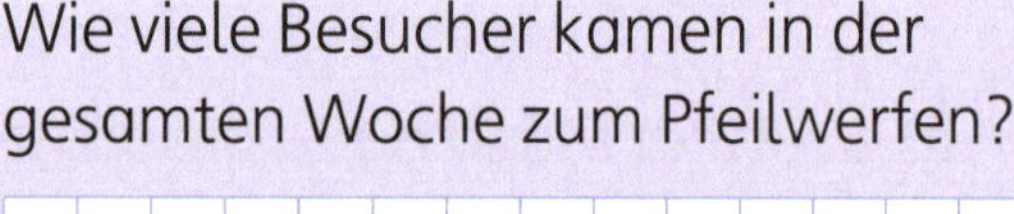

c) Die meisten Besucher kamen am ____________________.
Warum wohl? ____________________
____

Aktuelle Preise auf der Kirmes in deinem Ort einholen und vergleichen.

Auf der Kirmes

4 Der Count-Down ist die Superattraktion. Der 60 Meter hohe Freifallturm bietet Platz für 34 Fahrgäste.
Der Sky-Trip ist das Hochfahrgeschäft mit dem „Kick". Ein sich drehender Arm mit drei Gondeln befördert 18 Fahrgäste in 24 Meter Höhe.

TIPP a) Wie viele Fahrgäste können im Count-Down und im Sky-Trip insgesamt mitfahren? Unterstreiche die Informationen, die du zum Rechnen brauchst.

Rechnung:

Antwort: ____________________

____

b) Welches Fahrgeschäft ist das höhere? Wie viel Meter ist es höher?

Rechnung:

Antwort: ____________________

____

c) Du hast 20 € gespart. Für welche Fahrgeschäfte würdest du dich entscheiden?

____

____

____

____

Max hat 22,50 € auf der Kirmes ausgegeben. Wofür hat er das Geld verwendet?

____

____

____

____

4 Diff.: Zu den Lieblingsfahrgeschäften in der eigenen Klasse eine Umfrage durchführen. Dazu ein Schaubild erstellen.
c) Mehrere Möglichkeiten.

Auf der Kirmes

A Zeichnet ein Säulendiagramm zu den Preisen von acht Kirmesständen.

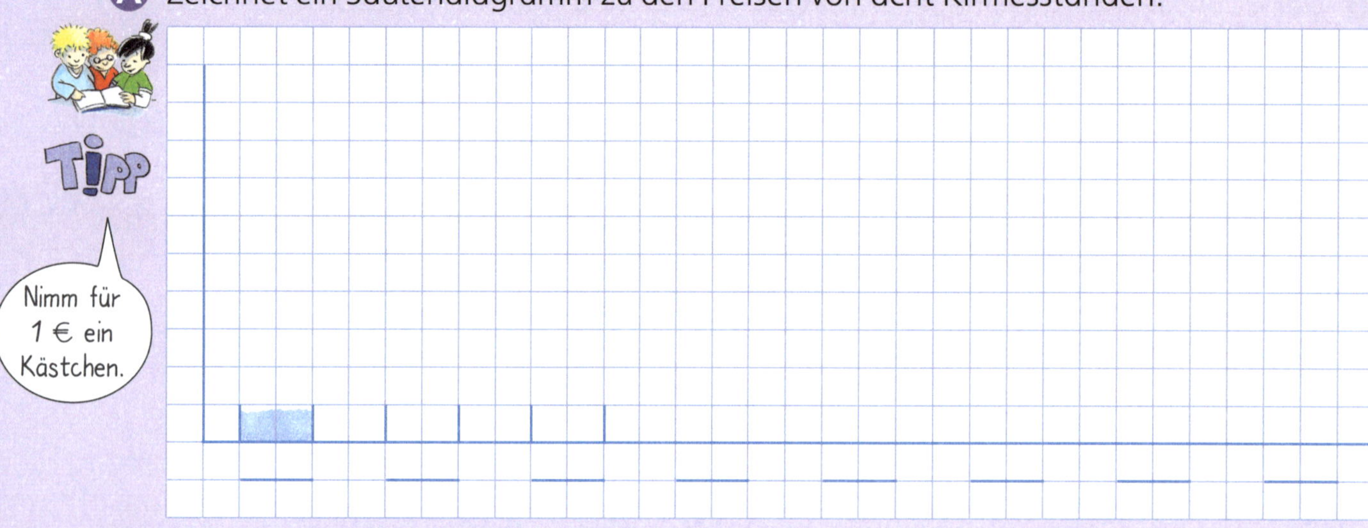

B Denkt euch dazu eine Aufgabe aus. Gebt sie zum Ausrechnen weiter.

____

____

____

C Leon, Justin, Felix und Tim gehen zur Kirmes. Tim hat 25 € gespart, Justin hat 4 € mehr als Leon, Felix hat 5 € mehr als Leon und 6 € weniger als Tim.
Wie viel Geld hat jeder?

Leon: ______ € Justin: ______ € Felix: ______ € Tim: ______ €

D Alina, Dilek und Leonie gehen zur Kirmes. Alina hat 16 € ausgegeben, Dilek hat 5 € mehr ausgegeben und Leonie 3 € mehr als Dilek.
Wofür könnte Leonie ihr Geld ausgegeben haben?

____

____

A In der Gruppe überlegen z. B. Kosten der Fahrgeschäfte.
D Mehrere Lösungen.

Im Fahrradladen

1

Lea geht mit ihren Eltern zum Fahrradladen „Rudis Radwelt". Sie hat 250 € auf dem Sparbuch. Ihre Oma schenkt ihr noch 75 €.

a) Kreuze an.

	Kann ich beantworten.	Kann ich nicht beantworten.	Ergebnis
1. Wie viel kosten fünf Blinkis?	○	○	______
2. Wie alt ist Lea?	○	○	______
3. Reicht das Geld für ein Fahrrad und einen Helm?	○	○	______
4. Wie viel kosten vier Blinkis und die Fahrradtasche zusammen?	○	○	______

TIPP

b) Wie viel Geld kann Lea ausgeben? Unterstreiche die Informationen, die du zum Rechnen brauchst.

Lea kann ______ € ausgeben.

Finde eine Frage, die man beantworten kann.

______

______

______

______

______

c) Lea kauft das Fahrrad. Wie viel Geld hat sie übrig?

Antwort: Sie hat ______

Lea möchte das Fahrrad, den Helm und die Handschuhe kaufen. Reicht das Geld?

Antwort: ______

d) Moritz hat 70 €. Davon kauft er drei Teile. Welche Teile könnten es sein?

Antwort: ______

Erfinde eine Aufgabe zum Fahrradladen „Rudis Radwelt".

______

______

______

______

1 d) Rechts: evtl. im Heft notieren.

Im Fahrradladen

2 Felix hat 160 € gespart, Max hat doppelt so viel Geld und Marie nur halb so viel wie Felix.

a) Wie viel Geld hat jedes Kind?

TIPP Unterstreiche die Informationen, die du zum Rechnen brauchst.

Felix: ________ €   Max: ________

Marie: ________

b) Kreuze an.

	Kann ich beantworten.	Kann ich nicht beantworten.	Ergebnis
1. Wer hat das meiste Geld?	○	○	______
2. Welche Scheine hat Marie?	○	○	______
3. Wie viel Geld hat Lea?	○	○	______
4. Wie viel Geld haben Max und Marie zusammen?	○	○	______

c) Finde eine Frage, die man **nicht** beantworten kann.

____

____

d) Wie viel Geld hat jedes Kind übrig, wenn es schon die Hälfte ausgegeben hat?

Antwort: ______________________________

____

3 Finde die passende Rechengeschichte zur Rechnung. Kreuze an und rechne.

$2 \cdot 5\,€ + 37\,€ =$ ______

○ Tom bekommt 2-mal 5 € geschenkt. Er kauft einen Helm für 37 €.

○ Lisa hat 37 € und kauft sich zwei Rücklichter zu je 5 €.

○ Marie kauft zwei Rücklichter zu je 5 € und einen Helm für 37 €.

Erfinde eine Rechengeschichte zu dieser Rechnung.

$8 \cdot 5\,€ + 2 \cdot 27\,€$

____

____

____

____

____

2 Evtl. Rechengeld legen. d) Diff.: Ergebnis im Kopf berechnen.
3 Links: evtl. Rechengeschichte nachspielen. Rechts: evtl. im Heft notieren.

4 Anna kauft im Supermarkt ein Fahrrad für 105 €.
Sie bekommt kein Rückgeld. Mit welchen Scheinen kann sie bezahlt haben?

a) Finde drei Möglichkeiten.

Wie viele Scheine waren es mindestens?

Wie viele Scheine können es höchstens gewesen sein?

b) Kreuze an.

Kann stimmen. | Kann nicht stimmen.

1. Anna hat mit vier Scheinen bezahlt.
2. Anna bekommt zwei Geldstücke zurück, als sie mit einem Schein bezahlt.
3. Anna bekommt drei Scheine zurück, als sie 150 € gibt.
4. Anna hat mit einem 1000-€-Schein bezahlt.

5 Im Monat Dezember hat der Fahrradladen „Rudis Radwelt" folgende Artikel verkauft.

Anzahl der verkauften Artikel

25, 20, 15, 10, 5

Fahrräder, Helme, Blinkis, Taschen, Hand-schuhe, Rück-lichter

RUDIS RADWELT

Welcher Artikel wurde am meisten verkauft?

Wie viele Taschen wurden verkauft?

Welcher Artikel wurde 15-mal verkauft?

Wie viele Artikel wurden insgesamt verkauft?

Wie viel Geld hat der Fahrradladen insgesamt für die Rücklichter bekommen?

Im Fahrradladen

A Aylin hat 298 € gespart und bekommt 100 € dazu.
Sie kauft ein Fahrrad für 375 €.

1. Wie viel Geld hat sie übrig?

Antwort: ______________________

2. Ersetze das Fahrrad durch einen Helm und verändere die Zahlen passend dazu. Schreibe den Text.

3. Finde eine Frage zu deinem Text, die du beantworten kannst.

4. Finde eine Frage zu deinem Text, die du **nicht** beantworten kannst.

B 900 € in sechs Scheinen, vier davon sind gleich.

C In diesem Monat gibt es ein Sonderangebot:

1 Blinki 3,50 €
4 Blinkis 10 €

Lisa will drei Blinkis kaufen. Anna sagt: „Ich würde vier kaufen. Das ist billiger."
Rechne und begründe.

Begründung: ______________________

B Evtl. Rechengeld legen.

Unsere Schule

1 Das Säulendiagramm zeigt die Anzahl der Mädchen und Jungen der Fröbelschule.

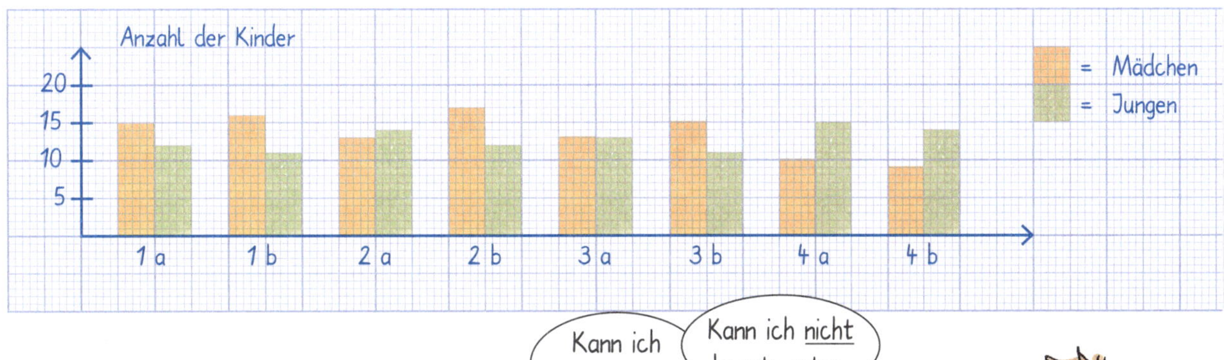

Kann ich beantworten.
Kann ich nicht beantworten.

a) Kreuze an.

	Kann ich beantworten.	Kann ich nicht beantworten.	Ergebnis
1. Wie viele Mädchen sind in der 3 a?	◯	◯	______
2. Wie alt ist Lennart?	◯	◯	______
3. Wie viele Kinder sind in der 2 a?	◯	◯	______
4. In welcher Klasse ist Anna?	◯	◯	______

b) In der 1 a sind _____ Mädchen.
In der 4 b sind _____ Kinder.
Am meisten Jungen sind in der Klasse _____.
Am wenigsten Mädchen sind in der Klasse _____.
In der 3 a sind _____ Jungen mehr als in der 3 b.

Finde eine Aufgabe zur Fröbelschule. Rechne.

____

____

____

c) Wie viele Kinder sind insgesamt im 1. Schuljahr?

Wie viele Mädchen sind insgesamt an der Fröbelschule?

d) Übertrage die Daten aus dem Säulendiagramm in die Tabelle.

	1 a	1 b	2 a	2 b	3 a	3 b	4 a	4 b	Gesamt
Mädchen	15								
Jungen	12								
Gesamt	27								

1 a) Ergebnis im Kopf berechnen.

② Die Kinder der Fröbelschule haben unterschiedliche Weihnachtswünsche.
67 Kinder wünschen sich Computerspiele, 41 Kinder ein Fahrrad, 54 Kinder eine Musikanlage, 27 Kinder DVDs und acht Kinder CDs. Die restlichen Kinder haben andere Wünsche.

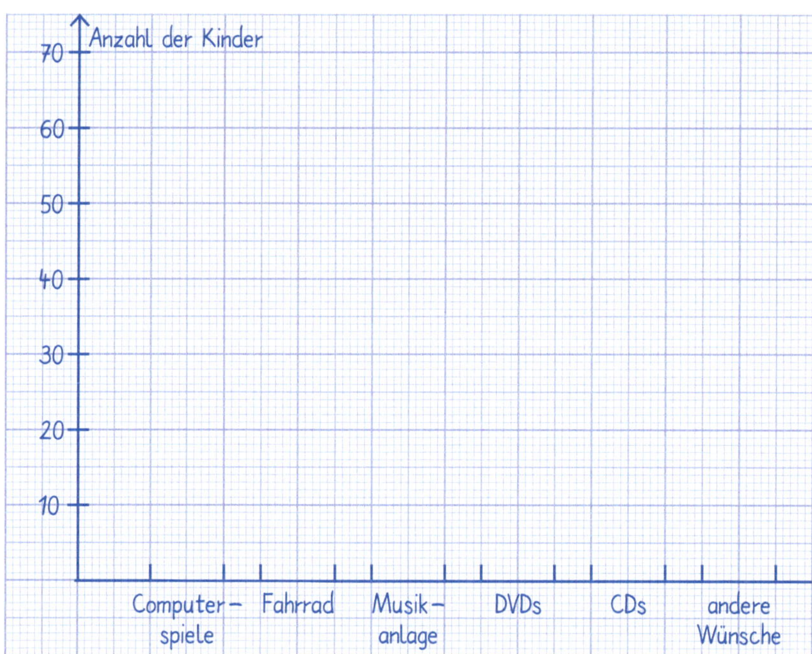

a) Zeichne ein Säulendiagramm.

b) Die meisten Kinder wünschen sich ______________________.
Die wenigsten Kinder wünschen sich ______________________.
Insgesamt _____ Kinder wünschen sich CDs oder DVDs.
_____ Kinder wünschen sich eine Musikanlage.
Nur halb so viele Kinder wünschen sich ______________________.
_____ Kinder haben andere Wünsche angegeben.

③ Die Südschule gibt es seit 1970. Damals besuchten 92 Mädchen und 65 Jungen die Schule. Im Jahr 2000 waren es 121 Mädchen und 197 Jungen. Heute sind es 284 Mädchen und 263 Jungen.

a) Wie viele Jungen sind es heute mehr als im Jahr 2000?
TIPP Unterstreiche die Informationen, die du zum Rechnen brauchst.

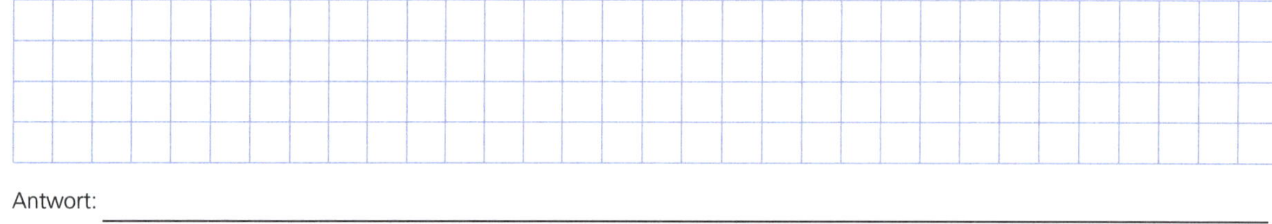

Antwort: ______________________

____

b) Kreuze an.

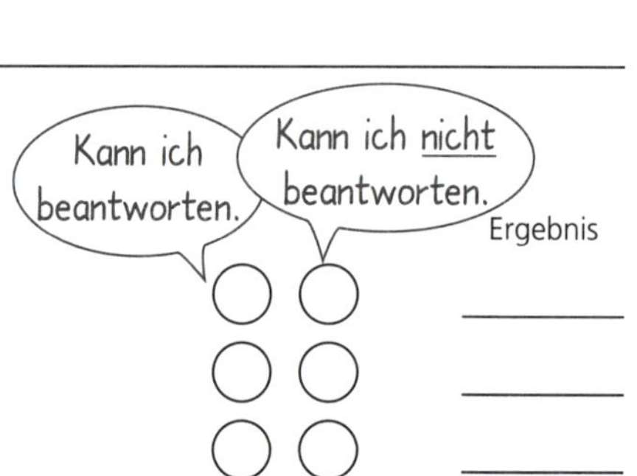

1. Wie viele Mädchen gingen 1980 zur Südschule? ◯ ◯ _____
2. Wie viele Jungen gehen heute in die Südschule? ◯ ◯ _____
3. Wie viele Kinder gingen 1970 zur Südschule? ◯ ◯ _____

③ b) Ergebnis im Kopf berechnen.

c) Wie viele Kinder gehen heute zur Südschule?

Antwort: ______________________________

Im Sommer verlassen 51 Mädchen und 56 Jungen der 4. Klassen die Südschule. 73 Mädchen und 62 Jungen werden eingeschult. Wie viele Kinder gehen dann zur Südschule?

4 In der Südschule haben 220 Kinder das Seepferdchen, halb so viele Kinder besitzen Bronze. 98 Kinder haben Silber und neun Kinder haben bereits Gold. Alle anderen haben kein Abzeichen, 57 davon sind Jungen.

a) Wie viele Kinder haben Bronze?

Antwort: ______________________________

Wie viele Kinder haben kein Abzeichen?

Antwort: ______________________________

b) 120 Mädchen der Südschule haben das Seepferdchen, 60 Mädchen besitzen Bronze, 45 Mädchen haben Silber und sechs Mädchen Gold. Trage in die Tabelle ein.

	Seepferdchen	Bronze	Silber	Gold	kein Abzeichen	Gesamt
Mädchen						
Jungen						
Gesamt						

Unsere Schule

A Stellt für eure Schule eine Liste aller Schülerzahlen zusammen.
Überlegt, wie ihr die Zahlen herausfinden könnt.

Klassen 1 und 2

Klasse	Mädchen	Jungen	Gesamt

Klassen 3 und 4

Klasse	Mädchen	Jungen	Gesamt

B Finde eine Frage zu A, die man beantworten kann.

____

____

C Im Sommer verlassen ____ Kinder der 4. Klassen unsere Schule. Dafür werden ungefähr ____ Kinder eingeschult. Im nächsten Schuljahr hat unsere Schule dann etwa ____ Kinder.

D zum Knobeln

In einer Klasse sind 30 Kinder. Es sind sechs Mädchen mehr als Jungen. Wie viele Jungen und Mädchen sind es?

Antwort: ______________________________

____

E Nach den Ferien kommen 96 Kinder in das 1. Schuljahr der Astrid-Lindgren-Schule. Wie viele Kinder hat die Schule insgesamt?
Welche Informationen fehlen, damit man die Frage beantworten kann?

____

____

____

Fußball-Bundesliga

1 1963 wurde die Fußball-Bundesliga gegründet. Jede Mannschaft spielt pro Saison zweimal gegen jede andere Mannschaft, einmal zu Hause und einmal auswärts. Bei einem Sieg bekommt die Mannschaft drei Punkte, bei einem Unentschieden bekommen beide Mannschaften einen Punkt.

Ergebnisse vom 17. Spieltag

	Uhrzeit	Heim		Gast	Ergebnis
Freitag,	20:30	VfL Bochum	:	Karlsruher SC	2:0
Samstag,	15:30	Hertha BSC	:	Eintracht Frankfurt	1:0
Samstag,	15:30	1. FC Nürnberg	:	Hannover 96	3:1
Samstag,	15:30	MSV Duisburg	:	Bayern München	0:4
Samstag,	15:30	Arminia Bielefeld	:	FC Schalke 04	0:1
Samstag,	15:30	Hansa Rostock	:	Hamburger SV	3:3
Samstag,	15:30	Energie Cottbus	:	VfB Stuttgart	0:0
Sonntag,	17:00	Werder Bremen	:	VfL Wolfsburg	2:1
Sonntag,	17:00	Borussia Dortmund	:	Bayer Leverkusen	1:2

a) Unterstreiche die Siegermannschaften in der Ergebnisliste blau und die Mannschaften, die unentschieden gespielt haben, rot.

b) Kreuze an.

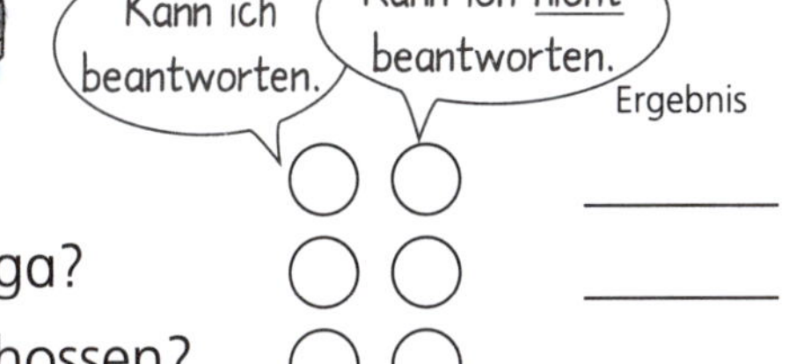

	Kann ich beantworten.	Kann ich nicht beantworten.	Ergebnis
1. Wie lange gibt es die Bundesliga schon?	○	○	______
2. Wie viele Mannschaften spielen in der Bundesliga?	○	○	______
3. In welchem Spiel wurden die meisten Tore geschossen?	○	○	______
4. Wer wird deutscher Meister?	○	○	______

c) Finde eigene Fragen, die du beantworten kannst.

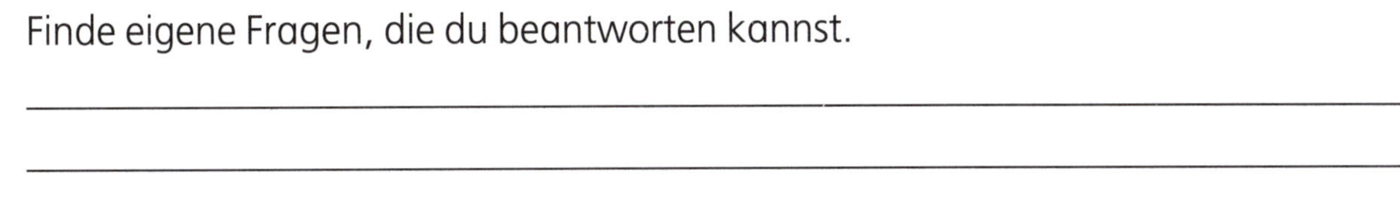

d) Erkunde, wie viele Punkte vergeben wurden.

____ Mannschaften haben gewonnen. Sie bekommen jeweils ____ Punkte.

____ Mannschaften haben unentschieden gespielt. Sie bekommen je ____ Punkt.

____ Spiele wurden gewonnen. Dafür wurden insgesamt ____ Punkte vergeben.

____ Spiele waren unentschieden.

Für alle Spiele zusammen wurden ____ Punkte vergeben.

1 b) Eine Frage kann nicht beantwortet werden. c) Die gefundenen Fragen in Partnerarbeit beantworten.

Fußball-Bundesliga

Kann stimmen. | Kann nicht stimmen.

2 a) Kann das stimmen? Kreuze an.

1. In einer Saison kann eine Mannschaft höchstens 34-mal gewinnen. ◯ ◯
2. Es spielen 20 Mannschaften in der Fußball-Bundesliga. ◯ ◯
3. Werder Bremen hat in der Saison schon 18-mal gewonnen. ◯ ◯
4. Der Hamburger SV spielt schon länger als 60 Jahre in der Bundesliga. ◯ ◯

b) Ein Fußballspiel dauert 90 Minuten, jede Halbzeit 45 Minuten. Zwischen der 1. und der 2. Halbzeit sind 15 Minuten Pause. Nico ist Fußballfan und hat sich am Wochenende das Spiel Borussia Dortmund gegen Bayer Leverkusen angeschaut.

Wann hat die Pause begonnen?

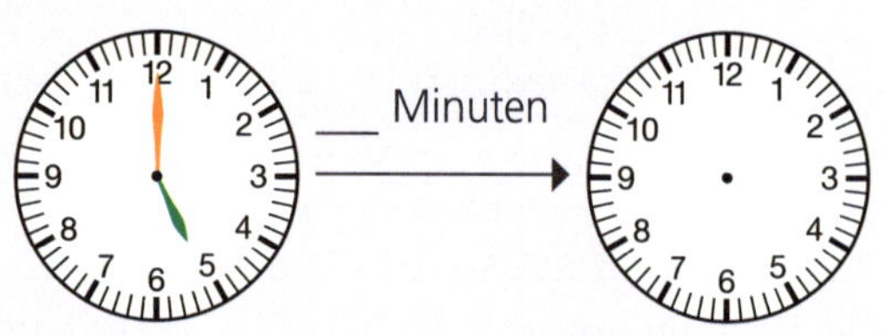

Beginn des Spiels: ____________

Beginn der Pause: ____________

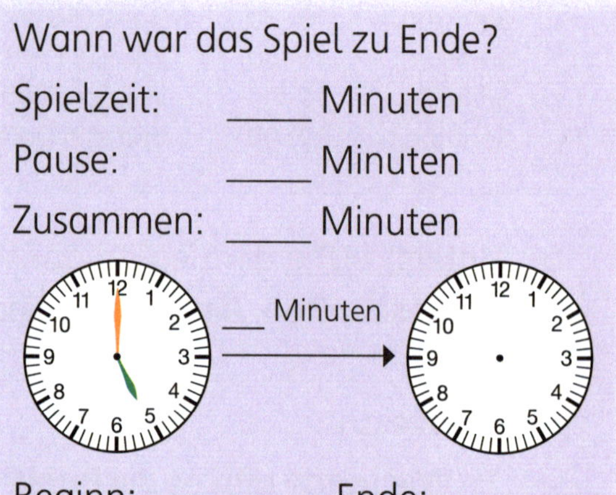

Wann war das Spiel zu Ende?

Spielzeit: ____ Minuten

Pause: ____ Minuten

Zusammen: ____ Minuten

Beginn: ________ Ende: ________

3 a) Das ist Familie Buschmeier.

Finde die Preise heraus.
Erwachsene bezahlen ________ für einen Sitzplatz und 6-jährige Kinder ________. 12-jährige Kinder bezahlen für einen ______________ so viel wie Erwachsene für einen ______________, nämlich ________.

Eintrittspreise im Stadion

Sitzplatz		**Stehplatz**	
Erwachsene:	18,80 €	Erwachsene:	10,90 €
Kinder bis 14 Jahre:	10,90 €	Kinder bis 14 Jahre:	6,40 €
Bambini-Ticket: Kinder bis 7 Jahre	5,40 €	Kein Bambini-Ticket.	

Schreibe Fragen zu der Aufgabe, die du **nicht** beantworten kannst.

____
____
____
____
____
____

2 a) Nur eine Aussage kann stimmen. b) Evtl. Uhren bereitstellen.

b) Frau Buschmeier möchte gerne, dass sie Sitzplätze nehmen.

Wie viel Geld muss Familie Buschmeier für die Sitzplätze bezahlen?

Wähle Antworten aus, die zur Frage und Rechnung passen. Kreuze an.

- ◯ Familie Buschmeier muss für die Stehplätze 53,90 € bezahlen.
- ◯ Sie muss nichts bezahlen.
- ◯ Für die Sitzplätze bezahlt sie 53,90 €.
- ◯ Die Familie muss 35,70 € bezahlen.

Lukas sagt: „Stehplätze sind aber viel günstiger!"
Wie viel Geld würden sie sparen?

Schreibe eine **passende** Antwort.

____

____

Schreibe eine Antwort, die **nicht passt.** ______________________________

____

____

4 Lukas spielt mit seinen Freunden Zaid und Christian im Fußballverein Rote Karte. Zu Beginn des Trainings müssen sie immer einige Runden um den Platz laufen, um sich aufzuwärmen. Das Training beginnt um 16:30 Uhr.

70 m

105 m

a) Christian und Zaid laufen heute drei Runden. Lukas kommt etwas später und läuft nur noch zwei Runden.

Wie viel Meter ist Lukas gelaufen?

Wie viel Meter sind alle zusammen gelaufen?

b) Im Training schießt Christian heute 40-mal auf das Tor und trifft davon 20-mal. Zaid schießt nur 20-mal und erzielt 15 Tore.
Wer ist heute der bessere Torschütze? Kreuze an. ☐ Christian ☐ Zaid

zum Knobeln

Begründe. ______________________________

____

3 b) Nur eine Antwort ist richtig. 4 a) Als Hilfe eine Runde um das Fußballfeld einzeichnen.
b) In Partnerarbeit Lösung und Begründungen diskutieren.

A Denke dir zu den Eintrittspreisen im Stadion eine eigene Sachaufgabe aus und rechne.

Eintrittspreise im Stadion

Sitzplatz		Stehplatz	
Erwachsene:	17,90 €	Erwachsene:	10,40 €
Kinder bis 14 Jahre:	9,80 €	Kinder bis 14 Jahre:	6,40 €

Ergebnis: ________

B Familie Guss muss im Stadion ______ € bezahlen. Sie hatte Sitzplätze.
Denke dir aus, wie viele Erwachsene und Kinder es sind.
Rechne erst, trage dann das Ergebnis in die Aufgabe ein.

Antwort: ________

C Dilbirin, Leon und Shervan spielen in verschiedenen Fußballvereinen in Bad Salzuflen. Finde heraus, wer in dieser Saison für seinen Verein Torschützenkönig ist.

zum Knobeln
Probiere
Radiere

- Dilbirins Fußballschuhe sind rot.
- Shervan trägt eine grüne Hose und ein gelbes Trikot.
- Der Spieler links außen ist mit einer weißen Hose und einem roten Trikot bekleidet.
- Der Torschützenkönig hat 26 Tore geschossen.
- Dilbirin steht nicht neben Shervan.
- Der Spieler mit den blauen Schuhen hat die meisten Tore geschossen.
- Zu der blauen Hose trägt ein Spieler auch ein blaues Trikot.
- Zwei Spieler haben gleich viele Tore geschossen, jeder 24.
- Ein Spieler trägt schwarze Schuhe und eine grüne Hose.

Male die Kleidung und die Schuhe in der passenden Farbe an.

Name: ________ ________ ________

Tore: ____ ____ ____

Der Torschützenkönig heißt: ________

A und **B** „Geöffnete" Sachaufgaben: Anzahl der Personen frei wählen, Sachaufgabe an andere Kinder zum Lösen weitergeben.
C Zunächst eindeutige Aussagen in die Zeichnung übertragen.

Entfernungen

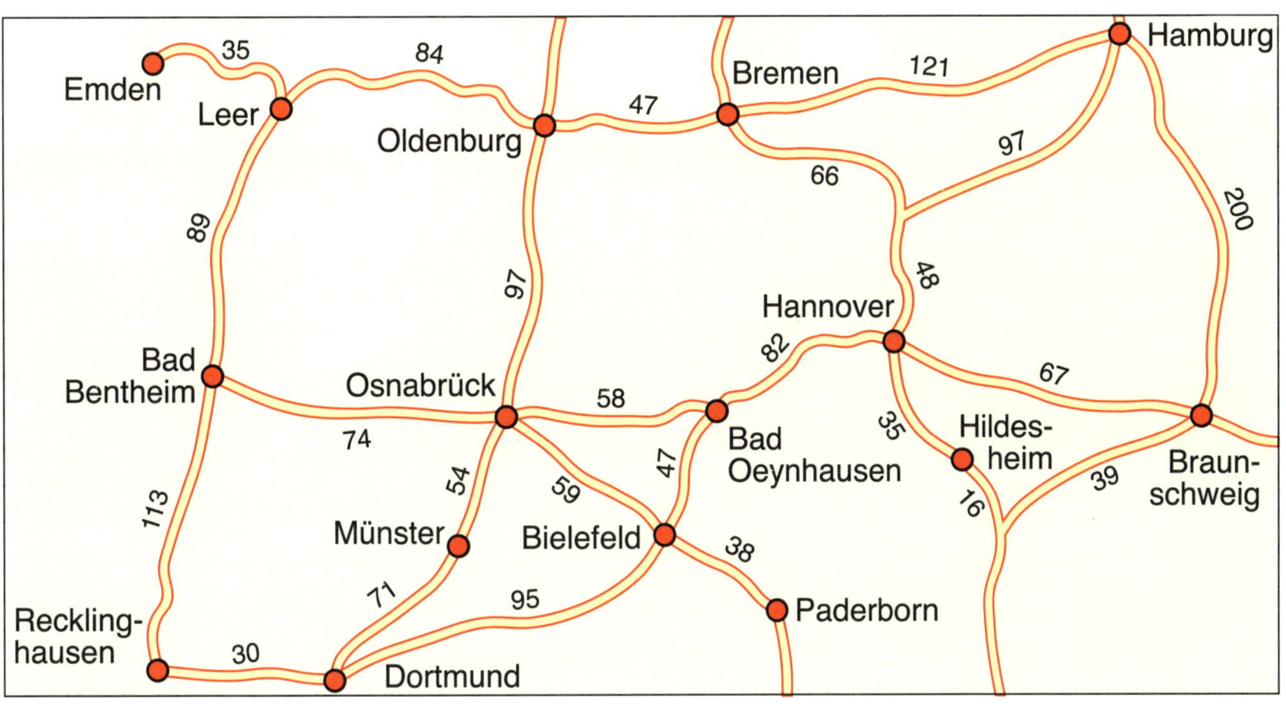

1 Zeigt die Städte auf der Karte: Osnabrück, Hannover, Bremen, Recklinghausen.

2 Suche zwei Wege von Dortmund nach Emden.
Notiere alle Städte, die auf dem Weg liegen.

____

____

____

3 a) Wie weit ist es
von Bremen nach Dortmund?

Antwort: ______________________

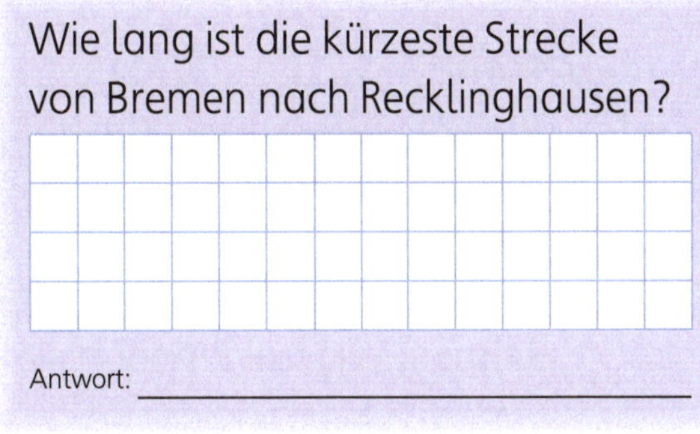

Wie lang ist die kürzeste Strecke
von Bremen nach Recklinghausen?

Antwort: ______________________

b) Wie weit ist es
von Emden nach Münster?

Antwort: ______________________

Frau Rasant ist von Paderborn 260 km
gefahren. Wo ist sie angekommen?

Antwort: ______________________

1 bis 3 Notwendige Informationen der Karte entnehmen. Sich nach Plänen orientieren.
3 Für eine Spalte entscheiden. Längen berechnen.

Entfernungen

4

Münster	71 km
Osnabrück	125 km
Oldenburg	222 km

B

Recklinghausen	202 km
Oldenburg	84 km
Bremen	131 km

C

Sucht auf der Karte die Orte.
Überlegt, wo die Autobahnschilder stehen könnten.

A: ______________ B: ______________ C: ______________

Überlegt eigene Fragen zu den Schildern. Schreibt sie auf.

5 a) Herr Schnell wohnt in Bad Bentheim und arbeitet in Osnabrück. Wie viel km fährt er jeden Tag?

Antwort: ______________

Herr Weit wohnt in Dortmund und arbeitet in Osnabrück. Wie viel km fährt er in einer Woche?

Antwort: ______________

b) Frau Raser fährt von Emden nach Bremen. Wie viel km fährt sie?

Antwort: ______________

Frau Weit fährt 2-mal in der Woche von Dortmund nach Oldenburg und braucht für eine Strecke 2 h 30 min. Finde eine Frage und rechne.

Antwort: ______________

4 Wege und Lagebeziehungen auf der Karte (Vorseite) beschreiben. Sich auf der Karte orientieren.

6 Immer drei Aussagen gehören zusammen.
Male die passenden Aussagen in der gleichen Farbe an. Rechne.

Von Emden nach Bremen sind es 166 km.

Für den Hin- und Rückweg braucht er ____ Minuten.

Von Dortmund nach Osnabrück sind es 125 km. Mit dem Auto benötigt er 90 Minuten.

Von Bad Oeynhausen nach Bad Bentheim braucht man für eine Strecke ungefähr 1 h 20 min.

Die Strecke von Bad Bentheim nach Bad Oeynhausen ist hin und zurück 264 km lang.

Frau Weiß fährt hin und zurück insgesamt 332 km.

Herr Schnell arbeitet in Osnabrück.

Sie fährt zweimal von Emden nach Bremen und zurück. Das sind insgesamt ____ km.

Familie Groß benötigt für die Strecke von Bad Bentheim nach Bad Oeynhausen und zurück insgesamt ____ h ____ min.

7 Schreibe eine Rechengeschichte.

a) Oldenburg – Osnabrück 97 km

1 h 15 min

b) Osnabrück – Bad Oeynhausen 58 km

Osnabrück – Hannover 1 h 50 min

Bad Oeynhausen – Hannover 82 km

Entfernungen

A Familie Schnell macht eine fünftägige Fahrradtour. Sie fährt jeden Tag 6 km mehr als am Vortag. Am Ende der Tour ist sie insgesamt 135 km gefahren.
Wie viel km ist sie jeden Tag gefahren?

Antwort: ____________________

____

B zum Knobeln – Probiere – Radiere

Die Südschule startet eine Fahrrad-Rallye. Um 10:00 Uhr fährt die Hälfte der Teilnehmer los, um 10:15 Uhr folgt die Hälfte des Restes, um 10:30 Uhr die Hälfte des neuen Restes usw., bis nur noch zwei Kinder übrig sind. Das eine Kind fährt los, das andere Kind muss noch die Reifen aufpumpen. Es fährt um 12:00 Uhr los.
Wie viele Kinder nehmen an der Rallye teil?

TIPP: Eine Skizze kann helfen.

Antwort: ____________________

____

C zum Knobeln – Probiere – Radiere

Herr Mai, Herr Baum, Herr Fein und Herr Schwarz wohnen in verschiedenen Städten. Ein Herr wohnt in Bremen, einer in Hannover, einer in Leer und einer in Münster. Herr Baum und Herr Mai waren noch nie in Hannover. Der Herr aus Hannover war schon in jeder der vier Städte. Herr Schwarz wohnt nicht in Bremen und nicht in Münster. Herr Baum und Herr Fein waren noch nie in Leer. Herr Fein wohnt nicht in Bremen.
In welchen Städten wohnen die vier Herren?

Antwort: ____________________

____

Knobelaufgaben. Geeignete Formen der Darstellung für das Bearbeiten nutzen.
Lösungsstrategien kennen und anwenden. Mit eigenen Worten beschreiben und die Plausibilität der Ergebnisse begründen.

Pausenspiele

1 Die Bahnhofsschule möchte neue Spiele für die Pause kaufen.
Sie hat 300 € zur Verfügung.

Igelball 7 €	Jojo 2,50 €	Tischfußball 54,50 €
Softball 9 €	Springseil 5,50 €	Kegelspiel 20 €
Hula Hoop 3,50 €	Gymnastikball 17 €	Gummitwist 4 €

a) Kreuze an.

	Kann ich beantworten.	Kann ich nicht beantworten.	Ergebnis
1. Wie viel Geld kann die Klasse 3 a ausgeben?	◯	◯	______
2. Wie viel kosten fünf Softbälle?	◯	◯	______
3. Reicht das Geld für acht Kegelspiele?	◯	◯	______

b) Finde eine eigene Frage, die man **nicht** beantworten kann.

____

____

c) Ein Springseil kostet ________ .

Drei Gummitwiste kosten ________ .

Zehn Igelbälle kosten ________ .

Ein Kegelspiel und ein Gymnastikball kosten zusammen ________ .

Die Bahnhofsschule hat 100 € ausgegeben. Was könnte sie gekauft haben?

Antwort: ______________________________

____

d) Wie viel kosten fünf Igelbälle und ein Tischfußballspiel zusammen?

Antwort: ______________________________

____

Die Bahnhofsschule kauft vier Kegelspiele und drei Gymnastikbälle. Wie viel Geld bleibt übrig?

Antwort: ______________________________

____

1 a) Ergebnis im Kopf berechnen.

Pausenspiele

2 Zu welchen Pausenspielen passen diese Preistabellen? Rechne.

____ ____	Preis
1	
2	8 €
3	12 €
6	

____ ____	Preis
1	
2	14 €
4	
8	56 €

Trage die Preise ein.

Springseil	Preis
1	
2	
4	
5	
10	

3 Ihr habt 150 €. Welche Pausenspiele würdet ihr kaufen? Wie teuer ist der Einkauf?

Antwort: ____________________

____

____

4 Der Förderverein der Parkschule spendet vier Tischfußballspiele. Wie viel muss er insgesamt ausgeben?

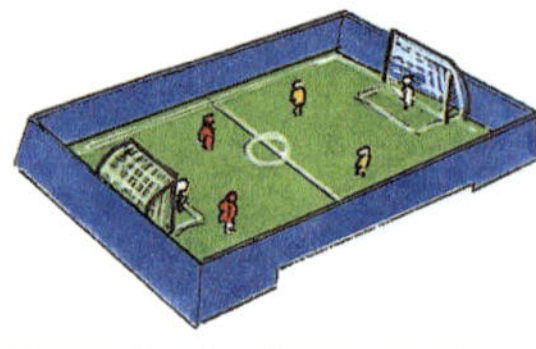

Rechne nur den Überschlag.

Antwort: ____________________

____

Rechne.

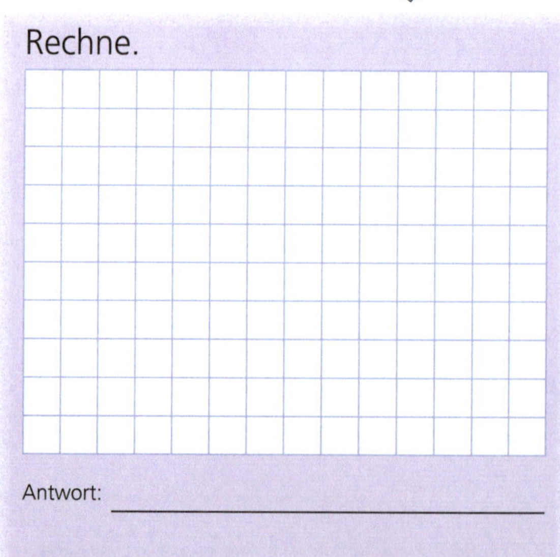

Antwort: ____________________

____

3 Evtl. aus einem Katalog alternative Pausenspiele heraussuchen.

5 Die Klasse 1 a möchte noch zwei Eimer Bauklötze für je 14,95 € und einen Verkehrs-Spielteppich für 12,29 € kaufen.

Wie viel muss die Klasse 1 a bezahlen? Rechne erst den Überschlag und dann genau.

Ü: ______________________

Antwort: ______________________

____

Die Klasse 1 a bezahlt mit einem 50-€-Schein. Wie viel Geld bekommt sie zurück?

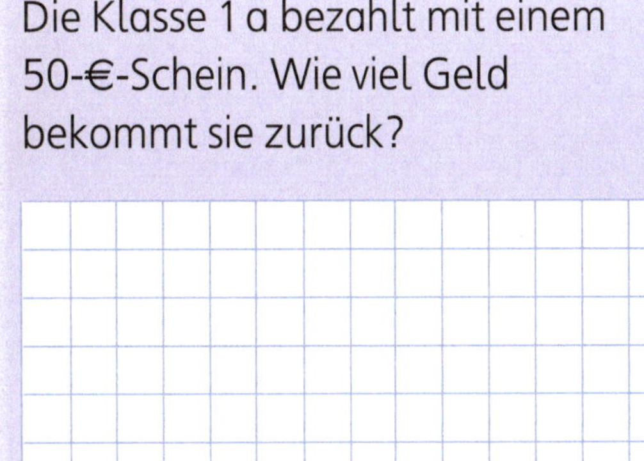

Antwort: ______________________

____

6 Die Klasse 3 b kauft Pausenspiele und muss einen glatten Betrag zahlen, der zwischen 50 € und 70 € liegt, durch 7 teilbar und eine gerade Zahl ist. Wie hoch ist der Betrag?

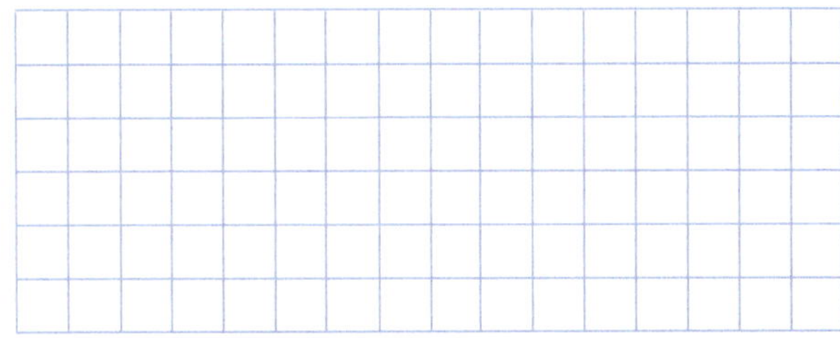

Antwort: ______________________

____

7 Die Klasse 4 a möchte noch einen Moon-Hopper für 17,75 €, eine Frisbeescheibe für 75 ct und ein Kartenspiel für 8,47 € kaufen.

Lisa rechnet den Preis des Moon-Hoppers und des Kartenspiels zusammen.

	1	7,	7	5	€
+		8,	4	7	€
	2	5,	1	2	€

Überprüfe die Rechnung mit dem Überschlag.

Ü: ______________________

Rechne richtig falls notwendig.

Die Klasse 4 a hat 26 € zur Verfügung. Reicht das Geld? Begründe.

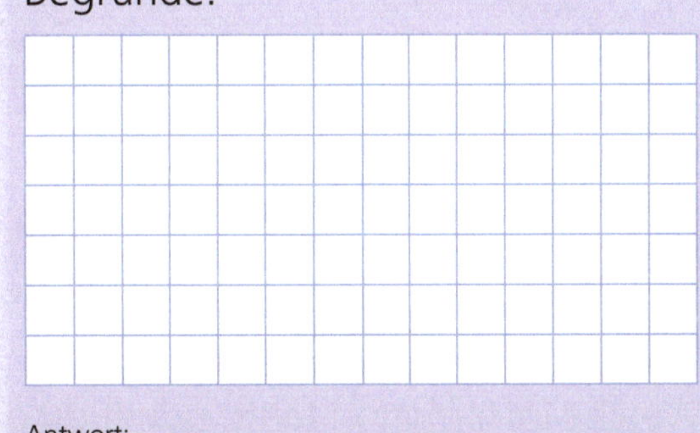

Antwort: ______________________

____

5 und 7 Mögliche Rechenwege: schriftlich, halbschriftlich, im Kopf.

Ⓐ Lege eine Preistabelle an.

Zauberkreisel	Preis
1	
2	
4	
5	
8	
9	

Ⓑ Wie rechnest du den Preis für 16 Zauberkreisel aus? Schreibe deinen Rechenweg auf.

Ⓒ Anna kauft sechs Zauberkreisel. Sie bekommt 77,50 € zurück. Mit welchem Schein hat sie bezahlt?

____

____

Ⓓ Ersetze den Zauberkreisel aus Aufgabe Ⓒ durch einen Fußball und verändere die Geldbeträge. Schreibe die Aufgabe und gib sie zum Rechnen weiter.

____

____

____

____

Ⓔ Jana kauft zwei Zauberkreisel und ein Geduldsspiel zu 4,98 €.
Wie viel Geld bekommt sie zurück?
Welche Information fehlt, damit du die Frage beantworten kannst?

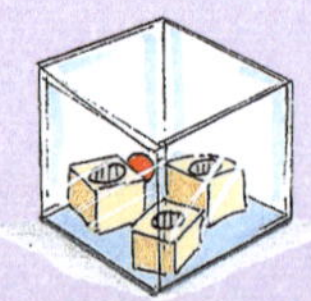

____

____

Ⓓ Partner rechnet im Heft.

1 Carla, Nele, Marc und ihr Vater backen Plätzchen.

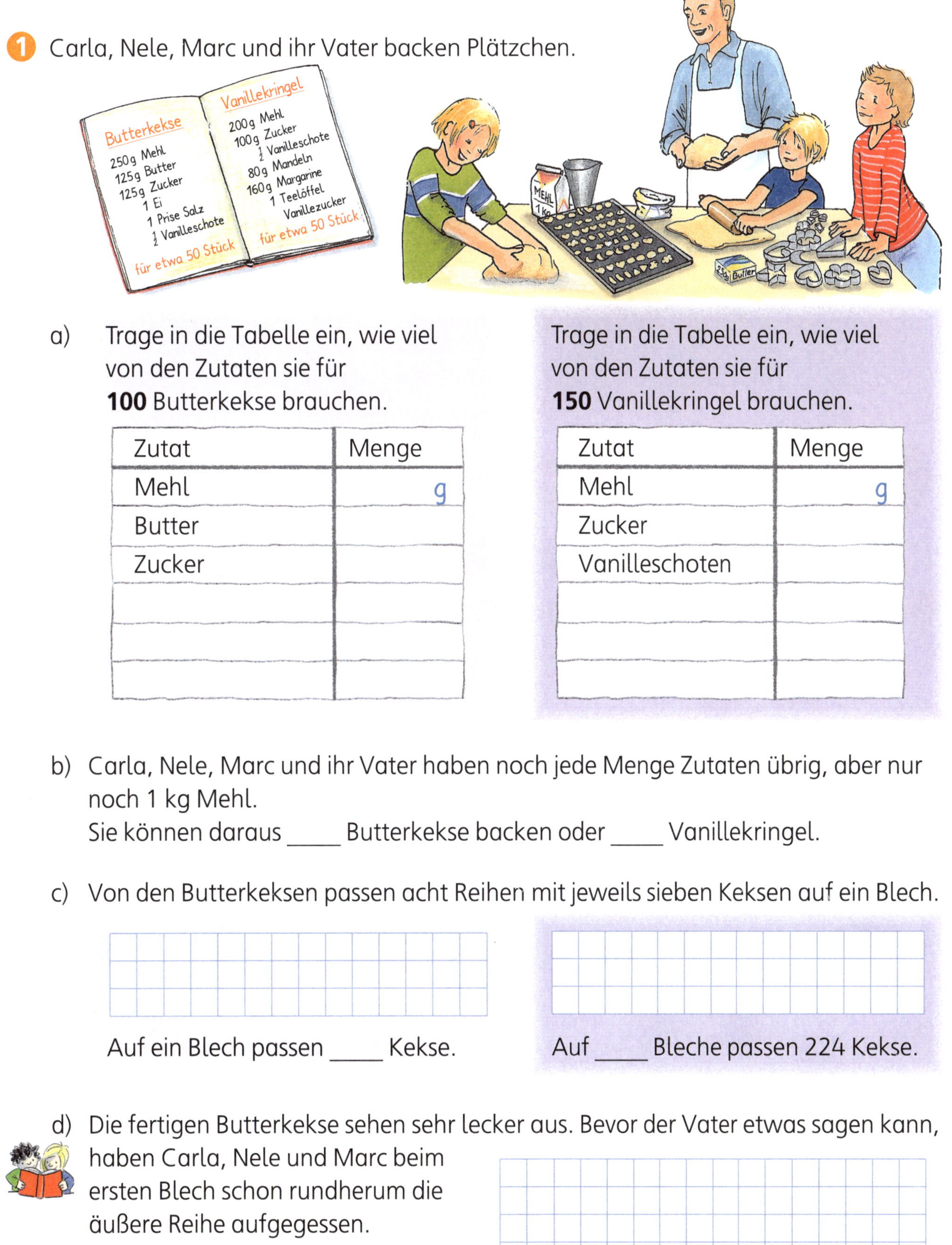

a) Trage in die Tabelle ein, wie viel von den Zutaten sie für **100** Butterkekse brauchen.

Zutat	Menge
Mehl	g
Butter	
Zucker	

Trage in die Tabelle ein, wie viel von den Zutaten sie für **150** Vanillekringel brauchen.

Zutat	Menge
Mehl	g
Zucker	
Vanilleschoten	

b) Carla, Nele, Marc und ihr Vater haben noch jede Menge Zutaten übrig, aber nur noch 1 kg Mehl.
Sie können daraus ____ Butterkekse backen oder ____ Vanillekringel.

c) Von den Butterkeksen passen acht Reihen mit jeweils sieben Keksen auf ein Blech.

Auf ein Blech passen ____ Kekse.

Auf ____ Bleche passen 224 Kekse.

d) Die fertigen Butterkekse sehen sehr lecker aus. Bevor der Vater etwas sagen kann, haben Carla, Nele und Marc beim ersten Blech schon rundherum die äußere Reihe aufgegessen.

Wie viele Kekse bleiben übrig?

TIPP Zeichne eine Skizze von den Keksen.

Antwort: ______________________________

____

2 Julia und ihre Mutter kaufen an Paulis Obststand ein.

Sie kaufen Bananen für 1,80 €, Birnen für 2,80 € und Weintrauben für 1,50 €.

Wie schwer ist ihr Einkauf?

Ihr Einkauf wiegt ____ kg.

Sie kaufen Weintrauben für 4,50 €, Orangen für 2,40 € und Bananen für 2,70 €.

Wie schwer ist ihr Einkauf?

Ihr Einkauf wiegt ____ kg.

3 a) Ein Apfel wiegt 170 g.

Wie viel wiegt eine Packung?

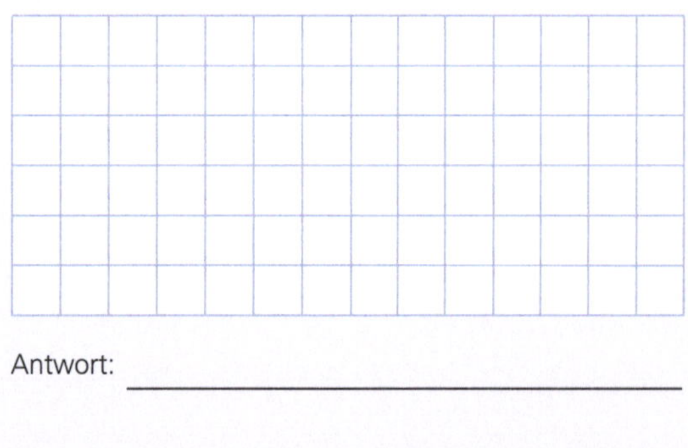

Antwort: ________________________________

____

Wie viel wiegen zwei Packungen?

Antwort: ________________________________

____

Evtl. Obst mit in die Schule bringen und wiegen. Samstags auf den Markt gehen und die Preise vergleichen.

b) Eine Kiwi wiegt 90 g.

Wiegen fünf Kiwis mehr oder weniger als $\frac{1}{2}$ Kilogramm?

Fünf Kiwis wiegen ________ als $\frac{1}{2}$ kg.

Wiegen zwölf Kiwis mehr oder weniger als ein Kilogramm?

Zwölf Kiwis wiegen _______ als 1 kg.

4 Die Mutter bittet Anna und Marco, Obst einzukaufen. Sie gibt ihren Kindern den Einkaufszettel und einen 20-€-Schein mit.

a) Trage die Preise ein.

Einkaufszettel

- 500 g Weintrauben
- 1 Ananas
- 4 Kiwis
- 10 Eier
- 1 kg Bananen
- 500 g Birnen
- 2 Packungen Äpfel

zusammen:

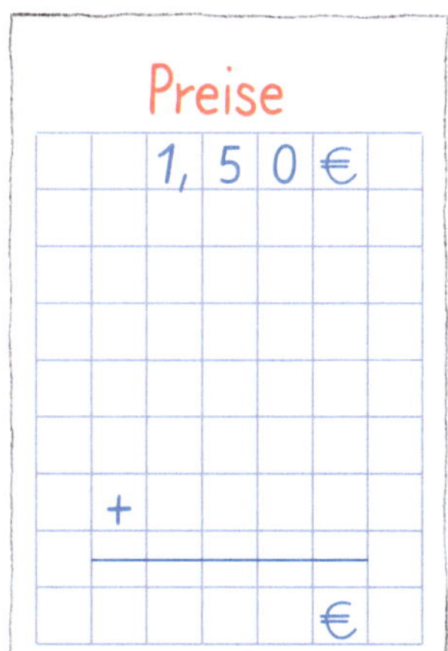

b) Wie viel Geld bleibt übrig?

Antwort: ______________________________

____

Bleibt Anna und Marco noch Geld für zweimal Eis für je 1,20 €?

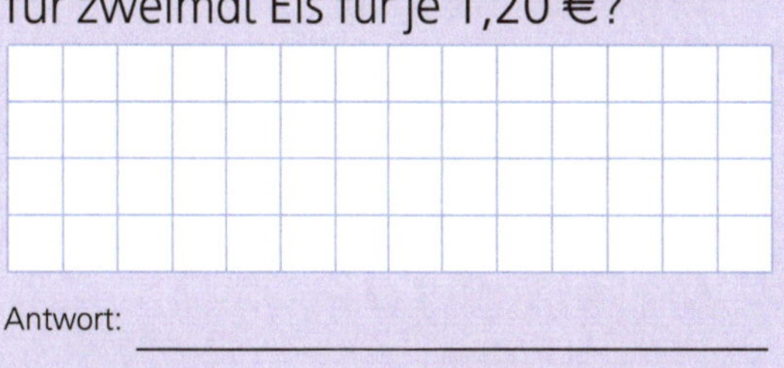

Antwort: ______________________________

____

5 Welche Rechengeschichte passt? Kreuze an!

7 · 150 g = ____ g

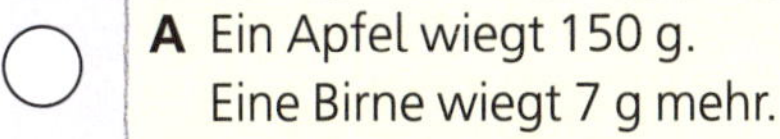

○ **A** Ein Apfel wiegt 150 g. Eine Birne wiegt 7 g mehr.

○ **B** Anna kauft sieben Birnen. Eine Birne wiegt 150 g.

○ **C** Sieben Kiwis wiegen zusammen 150 g.

500 g : 2 = ____ g

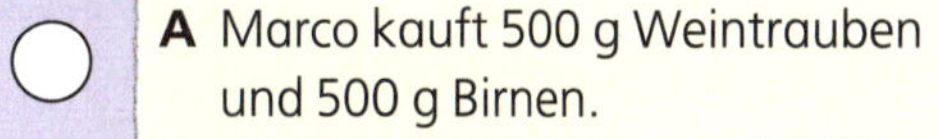

○ **A** Marco kauft 500 g Weintrauben und 500 g Birnen.

○ **B** Anna und Marco essen jeweils 500 g Weintrauben.

○ **C** Marco kauft 500 g Weintrauben. Er isst auf dem Rückweg schon die Hälfte auf.

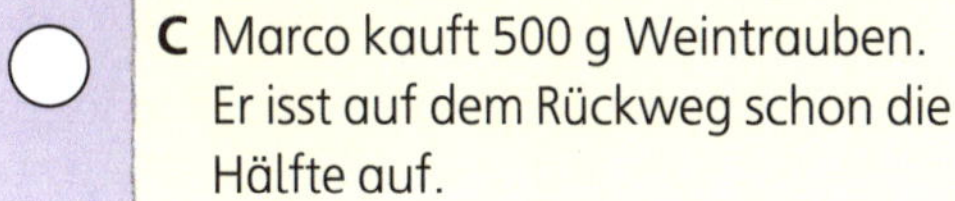

A Marieke hat diese Skizze gezeichnet.
Schreibt eine Aufgabe dazu.

____

____

____

B Deine Mutter hat an Paulis Obststand $5\frac{1}{2}$ kg Obst eingekauft.

1. Was könnte sie gekauft haben?

Antwort: ______________________________

2. Wie viel hat dieser Einkauf gekostet?

Antwort: ______________________________

C Eure Mutter schickt euch zu Paulis Obststand.
Sie sagt: „Kauft Obst, das ihr gerne mögt.
Ihr könnt 15 € ausgeben."

Schreibt einen Einkaufszettel und notiert die Preise.
Wie viel kostet euer Obst?

Einkaufszettel	Preise
zusammen:	€

D Die Einkäufe von Lotta und Laura wiegen zusammen 9 kg.
Lottas Einkauf ist doppelt so schwer wie Lauras.

zum Knobeln – Probiere – Radiere

Lottas Tüte wiegt _____ kg,
Lauras Tüte wiegt _____ kg.

1 Opa hat auf seinem Bauernhof viele Tiere: Pferde, Kühe, Hunde, Kaninchen, Hühner und Enten.

a) Er hat insgesamt 45 Kühe. Es sind doppelt so viele schwarze wie braune Kühe.
Wie viele braune und schwarze Kühe sind es?

TIPP Unterstreiche die Informationen, die du zum Rechnen brauchst.

Antwort: ______________________________

b) Opa möchte für seine Kaninchen einen Auslauf bauen. Damit sie nicht weglaufen, zäunt er ein rechteckiges Stück Wiese ein, das 2,50 m breit und 4,00 m lang ist.
Wie viel Meter Zaun benötigt er?

TIPP 2 Kästchen können 1 m sein.

Zeichne eine Skizze.

Antwort: ______________________________

Rechne aus:

Antwort: ______________________________

2 Ergänze den Text sinnvoll. Wähle aus dem Kasten aus.

180	Dienstag	55	700
15	~~drei~~	Klara	

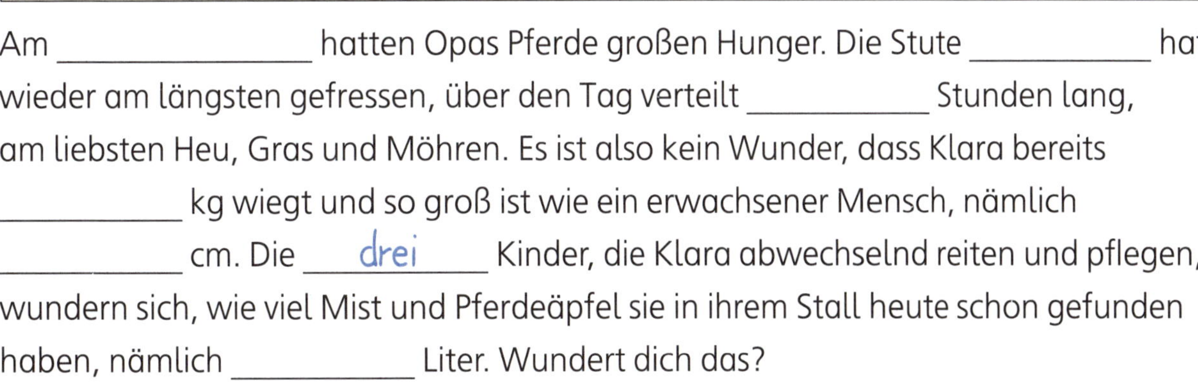

Am __________ hatten Opas Pferde großen Hunger. Die Stute __________ hat wieder am längsten gefressen, über den Tag verteilt __________ Stunden lang, am liebsten Heu, Gras und Möhren. Es ist also kein Wunder, dass Klara bereits __________ kg wiegt und so groß ist wie ein erwachsener Mensch, nämlich __________ cm. Die drei Kinder, die Klara abwechselnd reiten und pflegen, wundern sich, wie viel Mist und Pferdeäpfel sie in ihrem Stall heute schon gefunden haben, nämlich __________ Liter. Wundert dich das?

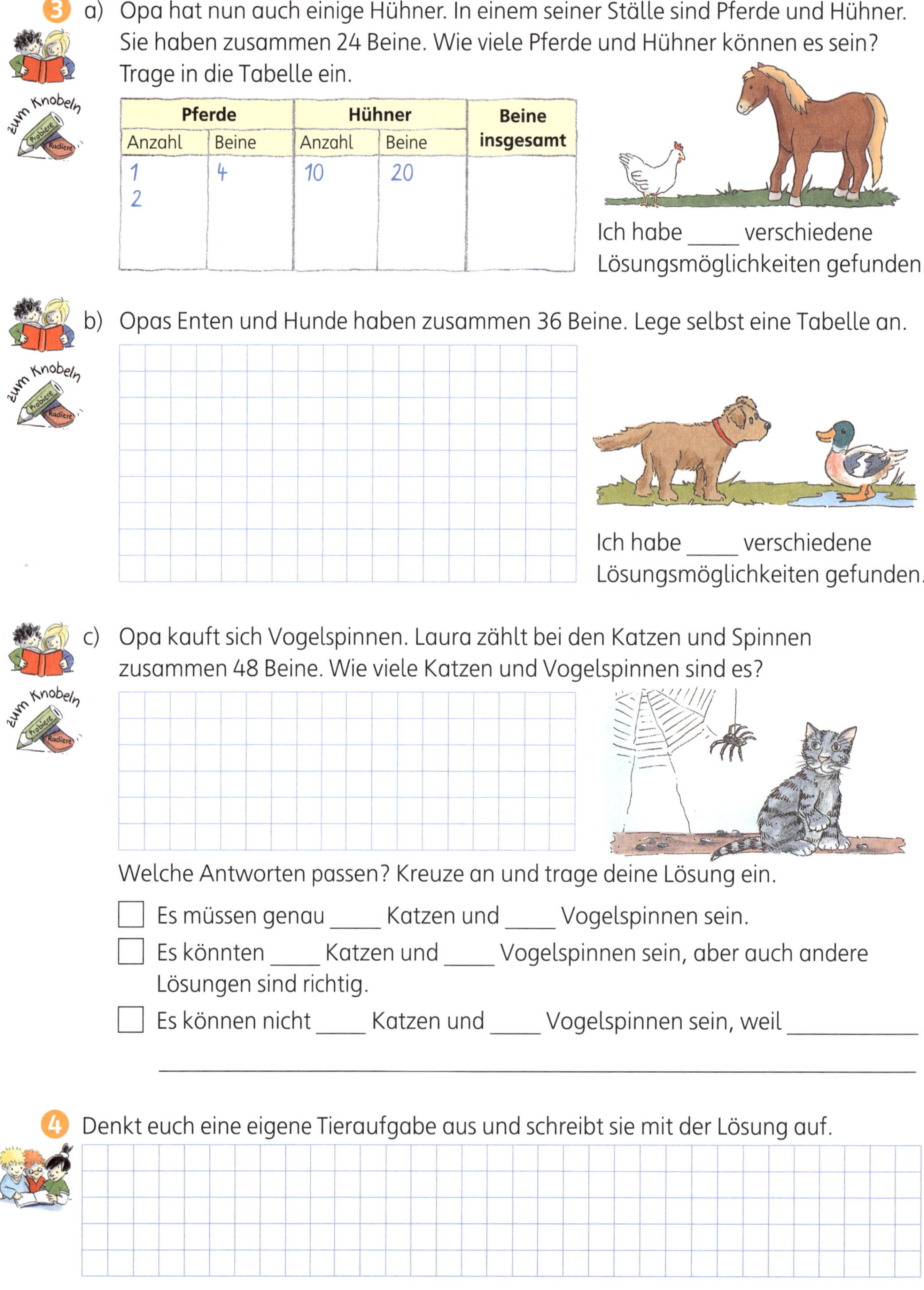

3 a) Opa hat nun auch einige Hühner. In einem seiner Ställe sind Pferde und Hühner. Sie haben zusammen 24 Beine. Wie viele Pferde und Hühner können es sein? Trage in die Tabelle ein.

zum Knobeln

Pferde		**Hühner**		**Beine insgesamt**
Anzahl	Beine	Anzahl	Beine	
1 2	4	10	20	

Ich habe ____ verschiedene Lösungsmöglichkeiten gefunden.

b) Opas Enten und Hunde haben zusammen 36 Beine. Lege selbst eine Tabelle an.

zum Knobeln

Ich habe ____ verschiedene Lösungsmöglichkeiten gefunden.

c) Opa kauft sich Vogelspinnen. Laura zählt bei den Katzen und Spinnen zusammen 48 Beine. Wie viele Katzen und Vogelspinnen sind es?

zum Knobeln

Welche Antworten passen? Kreuze an und trage deine Lösung ein.

- ☐ Es müssen genau ____ Katzen und ____ Vogelspinnen sein.
- ☐ Es könnten ____ Katzen und ____ Vogelspinnen sein, aber auch andere Lösungen sind richtig.
- ☐ Es können nicht ____ Katzen und ____ Vogelspinnen sein, weil ____________

____

4 Denkt euch eine eigene Tieraufgabe aus und schreibt sie mit der Lösung auf.

3 Evtl. als Hilfe Zeichnungen der Tiere anfertigen. c) Zwei Antworten können passen.

5 a) Die 24 Kinder der Klasse 3 c der Grundschule Ahornstraße haben eine Umfrage gemacht. Jedes Kind durfte das Tier nennen, das es am liebsten als Haustier hätte.

Pferd	卌 II	7	
Hund	卌 II	7	
Katze	卌	5	
Vogel	II	2	
Kaninchen	II	2	
Spinne	I	1	

Welches der Kreisdiagramme passt zu der Umfrage? Kreuze das passende an.

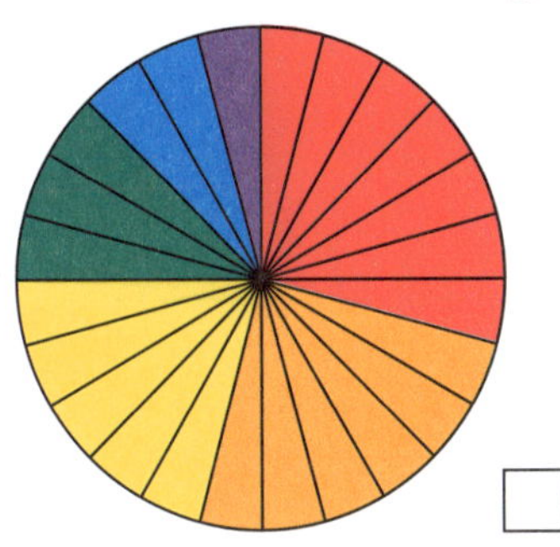
☐

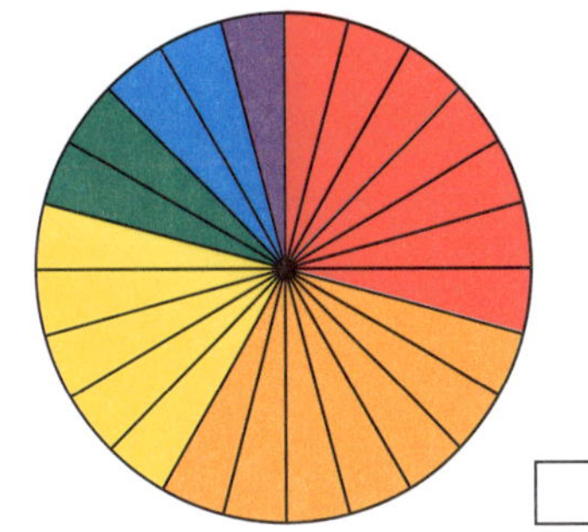
☐

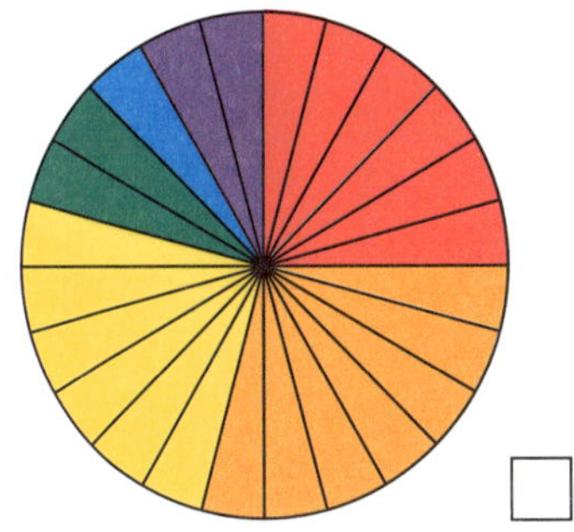
☐

b) Dies sind die Ergebnisse der Umfrage in der Klasse 3 b. Zeichne die Ergebnisse in das Kreisdiagramm ein.

Pferd	卌	5	
Hund	卌 II	7	
Katze	卌	5	
Vogel	III	3	
Kaninchen	II	2	
Rennmaus	I	1	
Fisch	I	1	

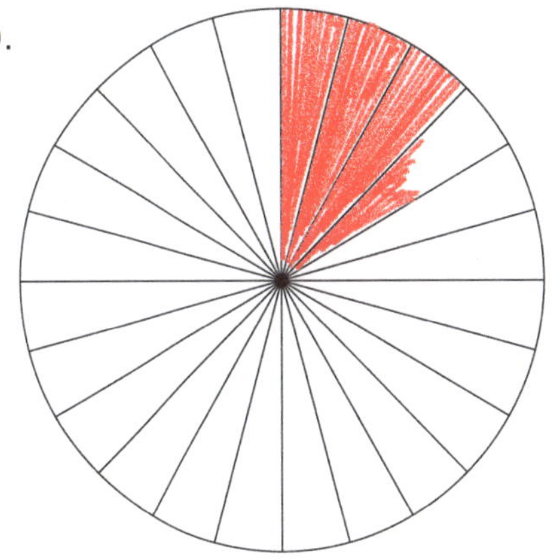

c) Trage die Daten aus dem Kreisdiagramm in die Tabelle ein.

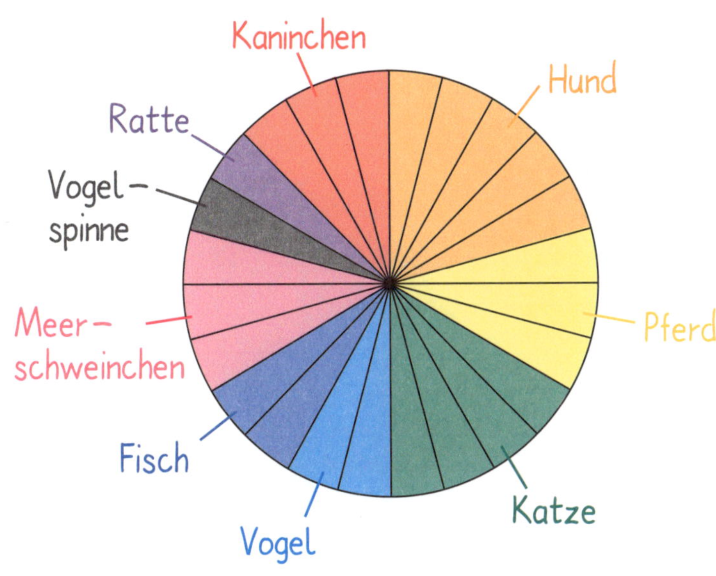

Tier	Zahl	Farbe
Insgesamt		

5 a) Nur ein Kreisdiagramm passt.

A Opa hat für seine 30 Kaninchen 18 Ställe. In einigen Ställen lebt ein Kaninchen und in einigen leben zwei.
Wie viele Ställe sind es für ein Kaninchen und wie viele für zwei Kaninchen?

zum Knobeln – Probiere – Radiere

1. Löse die Aufgabe.

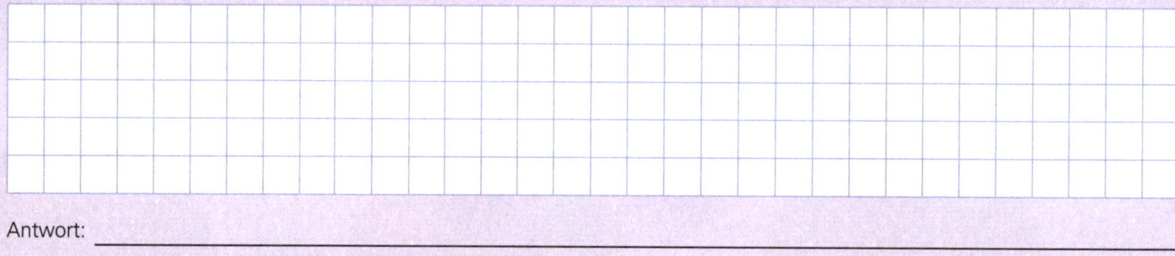

Antwort: ______________________________

____

2. Vergleiche die Lösungswege.

12 · 2 = 24
6 · 1 = 6
24 + 6 = 30
12 für 2
6 für 1
Julia

Wie haben Niklas und Julia die Aufgabe gelöst? Beschreibe.

____

____

____

B Denke dir zu Aufgabe **A** neue Zahlen aus und löse die Aufgabe.
Es sind ____ Kaninchen und ____ Ställe.

C Wenn auf jeder Stange ein Huhn sitzt, dann findet ein Huhn keinen Platz.
Sitzen auf jeder Stange zwei Hühner, dann bleibt eine Stange frei.
Wie viele Hühner und Stangen sind es?

Antwort: ______________________________

____

A In Partner- oder Gruppenarbeit lösen. Evtl. Skizze anfertigen.

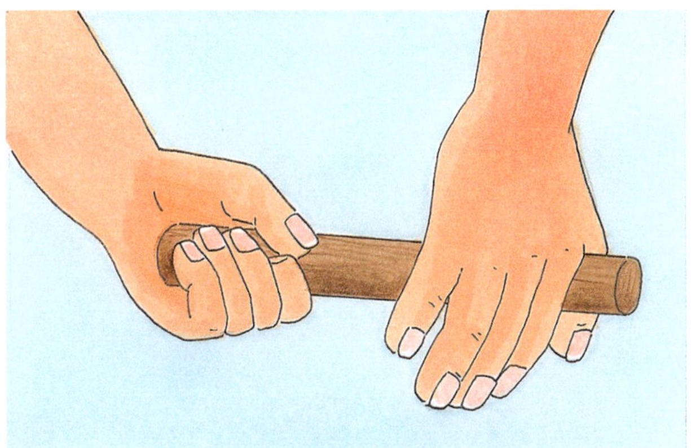

Beim Staffellauf muss jedes Kind 50 m laufen. Eine Runde um den Sportplatz ist 400 m lang. Die Klasse 4 a hat 22 Schülerinnen und Schüler, die Klasse 4 b hat 24.

Kreuze die passenden Fragen an. Rechne.

	Kann ich beantworten.	Kann ich nicht beantworten.	Ergebnis
1. Wie viele Runden laufen die Kinder einer Klasse insgesamt?	◯	◯	______
2. Wie oft wird der Stab in der Klasse 4 b übergeben?	◯	◯	______
3. Wie lange laufen die Kinder?	◯	◯	______
4. Wie lang sind zwei Runden?	◯	◯	______
5. Welche Klasse hat gewonnen?	◯	◯	______
6. Wie viele Stäbe werden gebraucht?	◯	◯	______

2

Beim Sackhüpfen schafft Franzi zweimal die Strecke von 350 m in zehn Minuten.

Frage: ____________________________

____

Antwort: ____________________________

____

Beim Sackhüpfen schafft Marie die Strecke von 350 m in fünf Minuten, Arthur schafft die Strecke zweimal in insgesamt 700 Sekunden. Marie behauptet: „Ich war schneller!"

Frage: ____________________________

____

Antwort: ____________________________

____

____

3

Überlegt, bei welchen Aufgaben man etwas Sinnvolles ausrechnen kann. Rechnet.

a) Die Klasse 3a hat 20 Kinder. Sie führen einen 50-m-Lauf durch. Wie viel km laufen sie insgesamt?

b) Die Klasse 3c hat 28 Kinder. Beim Dreibeinlauf laufen immer zwei Kinder zusammen.

c) Beim 800-m-Lauf erreicht Lisa 100 Punkte. Sie hat einen roten Jogginganzug an.

d) Clara freut sich. Sie ist beim Weitsprung 2,19 m weit gesprungen. Fabio behauptet, dass sein Sprung mit 209 cm viel weiter war.

e) Eine Runde ist 400 m lang. Maurice behauptet, dass er für eine Runde 100 Schritte braucht. Kann das stimmen?

f) Sarah wirft 818 cm, Ben wirft 10 m 18 cm, Tim wirft 11 m 81 cm. Wie groß sind die Unterschiede?

3 Sachtexten die zum Rechnen benötigten Informationen entnehmen. Umwandeln von Größen (cm – m). Zwei unsinnige Aufgaben.

4

Jungen	Siegerurkunde	Ehrenurkunde
8 Jahre	ab 450 Punkte	ab 575 Punkte
9 Jahre	ab 525 Punkte	ab 675 Punkte
10 Jahre	ab 600 Punkte	ab 775 Punkte
11 Jahre	ab 675 Punkte	ab 875 Punkte

Mädchen	Siegerurkunde	Ehrenurkunde
8 Jahre	ab 475 Punkte	ab 625 Punkte
9 Jahre	ab 550 Punkte	ab 725 Punkte
10 Jahre	ab 625 Punkte	ab 825 Punkte
11 Jahre	ab 700 Punkte	ab 900 Punkte

a) In den Klassen 3 und 4 der Grundschule West sind insgesamt 175 Mädchen und 212 Jungen. Beim Sportfest erhalten 60 zehnjährige Mädchen eine Siegerurkunde und 50 achtjährige Jungen eine Ehrenurkunde. Wie viele Punkte müssen die Mädchen und Jungen jeweils mindestens erreicht haben?

____

____

____

____

Die Grundschule Ost hat 219 Mädchen und 248 Jungen. Beim Sportfest erreichen 30 achtjährige Mädchen 625 bis 715 Punkte, 120 elfjährige Mädchen 735 bis 899 Punkte, 45 neunjährige Jungen erreichen 552 bis 635 Punkte.

Frage: __________________________

____

____

Antwort: _________________________

____

b) Bei der Siegerehrung erhalten 30 neunjährige Mädchen eine Siegerurkunde, 20 zehnjährige Jungen eine Ehrenurkunde. Wie viele Punkte müssen die Mädchen mindestens erreicht haben?

____

Wie viele Punkte müssen die Jungen mindestens haben?

____

Bei der Siegerehrung erhalten 35 Jungen mit 455 bis 520 Punkten eine Urkunde und 18 Mädchen mit 555 bis 620 Punkten eine Urkunde. Wie alt sind die Jungen?

____

Welche Urkunden erhalten sie?

____

Wie alt könnten die Mädchen sein?

____

5 Wer wird eine Urkunde erhalten?

Name	Alter	50-m-Lauf	Weitsprung	Schlagball 80 g	Gesamt	Urkunde
Felix	9 Jahre	230 Punkte	260 Punkte	255 Punkte		
Marie	10 Jahre	215 Punkte	135 Punkte	250 Punkte		
Arthur	11 Jahre	175 Punkte	275 Punkte	225 Punkte		
Anne	8 Jahre	225 Punkte	175 Punkte	224 Punkte		

4 und 5 Fächerverbindend mit Sport. Tabellenverständnis vertiefen, Informationen entnehmen, Fragen beantworten.
Diff.: Das Sportfest in der eigenen Klasse auswerten.

Spiel- und Sportfest

A Sophie, Katharina und Clara laufen drei Runden auf einem 800-m-Rundkurs um die Wette. Sophie braucht 12 Minuten, Katharina 20 Minuten und Clara 24 Minuten. Wie viel Meter legt jede in einer Minute zurück?

Antwort: ______________________________

____

B Auf dem Spielfest spielen Luka, Maurice und Tim mit dem Ball. Der Ball wird im Uhrzeigersinn weitergeworfen. Luka beginnt. Der Ball wurde 15-mal gefangen, dann fällt er zu Boden. Wer hat den Ball nicht gefangen?

Antwort: ______________________________

C Die Kinder der Stadtschule machen einen 1-km-Lauf. Am Start und im Ziel steht jeweils ein Kegel, alle 50 m steht auch ein Kegel. Wie viele Kegel sind es insgesamt? Zeichne eine Skizze. Rechne und begründe deine Lösung.

D 51 Kinder der Grundschule West treiben gerne Sport. 36 Kinder spielen Fußball, 32 spielen Tennis, 17 spielen Fußball und Tennis.

1. Wie viele Kinder spielen nur Fußball und nicht Tennis?

____

____

2. Wie viele Kinder spielen nur Tennis und nicht Fußball?

____

____

1 a)

Wann treffen sich die Kinder?
Um ______ Uhr.

b)

Wie lange muss Jana warten?
______ Minuten.

c)

Wie lange ist Zeit zu spielen?
______ Stunden ______ Minuten.

d)

Wie lange dürfen die Kinder zum Spielplatz? ______ Minuten.

2  Max und Tim verabreden sich für 15:30 Uhr auf dem Spielplatz. Um 17:00 Uhr muss Tim wieder zu Hause sein. Tim ist bereits eine Viertelstunde zu früh da. Er wartet eine halbe Stunde auf Max. Dann läuft er zu Max' Haus, das fünf Minuten entfernt liegt. Er trifft Max vor der Haustür. Gemeinsam laufen sie zum Spielplatz zurück.

Zeichne die Zeiger ein und notiere die passenden Uhrzeiten.

 Unterstreiche wichtige Informationen in der Aufgabe.

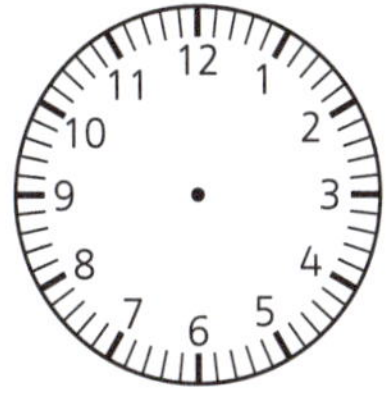

Die verabredete Zeit.

______

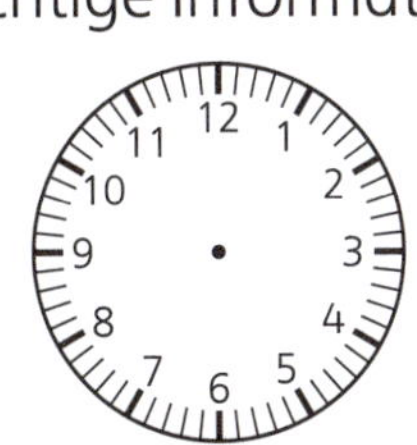

Tim muss zu Hause sein.

______

Tim kommt am Spielplatz an.

______

Tim trifft Max vor dem Haus.

______

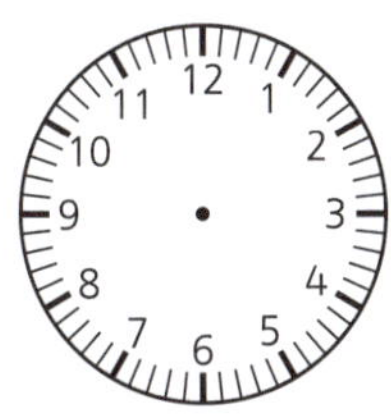

Max und Tim sind am Spielplatz.

______

Evtl. Uhren bereitstellen.

3 Um 13:20 Uhr hat Patrick Schulschluss. Er geht mit zu seinem besten Freund Finn. Nach 15 Minuten sind sie da. Hungrig laufen sie in die Küche. Finns Mutter sagt: „Das Essen ist in fünf Minuten fertig."

Kreuze die passenden Fragen an. Rechne.

	Kann ich beantworten.	Kann ich nicht beantworten.
1. Wann sind sie bei Finn zu Hause?	○	○
2. Wie lange essen sie?	○	○
3. Wann geht Patrick nach Hause?	○	○

Rechnung:

Antwort: ______________________

____

Finde eine Frage, die du beantworten kannst. Rechne.

____

____

____

Rechnung:

Antwort: ______________________

____

4 Nach dem Essen haben sie noch eine Stunde Zeit. Patrick und Finn helfen fünf Minuten in der Küche, machen 35 Minuten Hausaufgaben und lesen zehn Minuten.

a) Wie viel Zeit bleibt in dieser Stunde zum Spielen?
Es bleiben ____ Minuten.

b) Verändere die Aufgabe so, dass alles, was Patrick und Finn machen, gleich lange dauert. Trage ein.

____ Minuten Helfen in der Küche
____ Minuten Hausaufgaben
____ Minuten Lesen
____ Minuten Spielen

Verändere die Aufgabe so, dass zum Spielen 30 Minuten Zeit bleibt.

____ Minuten Helfen in der Küche
____ Minuten Hausaufgaben
____ Minuten Lesen
30 Minuten Spielen

5 Michael hat in dieser Woche 4 Stunden und 20 Minuten Hausaufgaben gemacht.

Wie könnte sich die Zeit auf die Tage verteilen?

Mo	Di	Mi	Do	Fr

Stelle dir vor, Michael hätte jeden Tag gleich lange für die Hausaufgaben benötigt. Wie viel Minuten wären es?

Mo	Di	Mi	Do	Fr

Evtl. Uhren bereitstellen. **3** Links: nur eine Frage kann beantwortet werden.

Montag	10 Minuten
Dienstag	15 Minuten
Mittwoch	5 Minuten
Donnerstag	20 Minuten
Freitag	23 Minuten
Samstag	18 Minuten
Sonntag	–

6 Luisa spielt Geige. Sie übt und trägt ein, wie lange sie geübt hat.

Wie viel Minuten hat Luisa diese Woche Geige gespielt?

Antwort: ______________________

____

Wie viel Minuten hätte sie länger üben müssen, damit es genau zwei Stunden wären?

Antwort: ______________________

7 Patrick, Finn und Max treffen sich heute Nachmittag um 15:15 Uhr zum Flötenunterricht. Jeder gibt der Lehrerin und jedem anderen Kind zur Begrüßung einmal die Hand. Wie viele Handschläge werden gewechselt?

Spielt die Aufgabe nach. Zählt dabei die Handschläge. Zeichne die fehlenden Handschläge als Linien ein.

____ Handschläge

Wie viele Handschläge sind es, wenn Tim auch noch mitkommt?

____ Handschläge

8 Schreibe jeweils eine Rechengeschichte.

Schulstunde 45 Minuten

____

____

____

Duschen 7 Minuten

____

____

____

9 Mara kommt um 16:30 Uhr vom Reiten zurück. Sie telefoniert 35 Minuten lang. Wie lange war sie heute im Pferdestall?

a) Du kannst die Aufgabe nicht lösen. Warum nicht?

____

____

b) Verändere die Aufgabe so, dass man sie lösen kann.

____

____

7 In Gruppenarbeit die Aufgabe nachspielen.
9 Die Sinnlosigkeit der Aufgabe begründen und in Partnerarbeit diskutieren.

A Michael hat in der vorigen Woche für seine Hausaufgaben nur 3 Stunden und 25 Minuten gebraucht. In der Woche davor hat er getrödelt. Er benötigte doppelt so viel Zeit wie in der vorigen Woche.

Frage: ______________________________

Antwort: ______________________________

B Patrick und Finn decken den Mittagstisch. Finns Mutter hat rote, blaue und gelbe Teller, Schüsseln und Becher für den Nachtisch.
Wie viele Möglichkeiten gibt es, ein Gedeck zu kombinieren?
Zeichne alle Möglichkeiten auf.

C Wie viele Handschläge werden gewechselt, wenn fünf Kinder und ein Lehrer sich begrüßen?

Antwort: ______________________________

D Luisa hat in ihrem Zimmer ein Zauberglas mit Perlen. Es ist ein Zauberglas, weil sich die Zahl der Perlen jede Minute verdoppelt. Sie behauptet: „Wenn du eine Perle hineinlegst, ist das Glas nach 10 Minuten voll."

zum Knobeln – Probiere – Radiere

a) Wann ist das Glas halb voll?

Antwort: ______________________________

b) Wie viele Perlen passen in das Glas hinein?

Antwort: ______________________________

B und **C** „Geöffnete" Sachaufgaben. **B** Evtl. im Heft zeichnen.

Seite 1

1. a) 2. für 5 Personen
   7. 9 €
   8. 11 €
   b) links: 6,50 €, 7 €, auch 7 €, 79 €
   rechts: Rico ging Donnerstag um 10:10 Uhr nochmal ins Spaßbad.
   Um 12:00 Uhr wollte er wieder nach Hause fahren.
   Wie viel Eintritt bezahlte er?
   c) links: 21 €
   rechts: 234 €

Seite 2

2. a) 2. 7 Wochenenden
   4. 11.07.
   5. 26.08.
   6. 27.08.
   b) links: 46 Tage
   rechts: 1104 Stunden

Seite 3

3. a) 1. 6 min
   5. Jana
   b) links: 18 min
   rechts: Jana schwamm 24 min.

4. a) 3. 2 m
   4. 14-mal
   b) Lia 7-mal, Tim 28-mal

Seite 4

A Wie lang ist die längste Wartezeit für Rico und Lia ?

B Wie lang ist die Rutsche?

C Das ist falsch. Man muss 2 · 3 + 5 rechnen. Sven hat + und · vertauscht.

D Saras Fehler steckt in der Reihe „nach dem Wellenbad".
Sie muss die Hälfte von 6 Kästchen zeichnen. Das sind 3 Kästchen.

Seite 5

1. a)

Kirmesstände	Karussell	Autoscooter	Losbude	Geisterbahn	Achterbahn
Besucher	100	150	50	175	125

   b) Geisterbahn

2. 1. Stimmt
   2. Stimmt
   3. Stimmt nicht
   4. Stimmt
   5. Stimmt nicht

Seite 6

3. a)

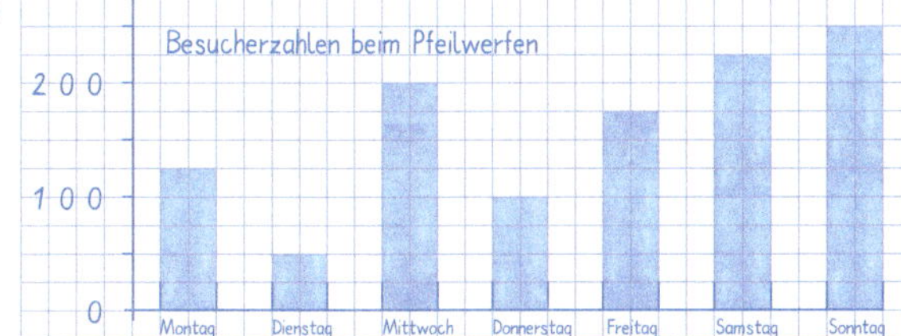

   b) links: 475 Besucher
   rechts: 1125 Besucher
   c) Sonntag (verschiedene Begründungen zulassen, z. B. Freier Tag)

Seite 7

4. a) 52 Fahrgäste
   b) Der Count-Down ist 36 m höher als der Sky-Trip.

Seite 8

A

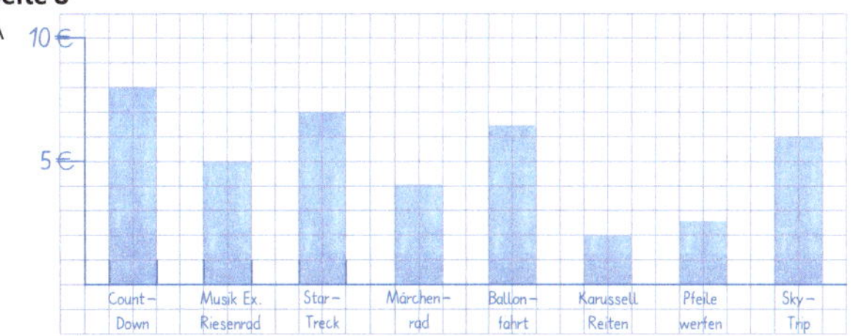

C Leon: 14 €, Justin: 18 €, Felix: 19 €, Tim: 25 €

D Alina: 16 €, Dilek: 21 €, Leonie: 24 €

Seite 9

1. a) 1. 17,50 €
   3. Ja, 8 € bleiben übrig.
   4. 41 €
   b) links: 325 €
   c) links: Sie hat 45 € übrig. rechts: Nein, es fehlen 14 €.

Seite 10

2. a) Felix: 160 € Max: 320 € Marie: 80 €
   b) 1. Max
   4. 400 €
   d) Felix: 80 € Max: 160 € Marie: 40 €

3. links: 47 €
   Marie kauft zwei Rücklichter zu je
   5 € und einen Helm zu 37 €.

Seite 11

4. a) links: Beispiele:
   50 €, 50 €, 5 €
   100 €, 5 €
   20 €, 20 €, 20 €, 20 €, 20 €, 5 €
   rechts: Zwei Scheine waren es mindestens. 21 Scheine waren es höchstens.
   b) 1. Kann nicht stimmen.
   2. Kann nicht stimmen.
   3. Kann stimmen.
   4. Kann nicht stimmen.

5. links: Am meisten wurden Fahrräder verkauft.
   Es wurden zehn Taschen verkauft.
   Helme wurden 15-mal verkauft.
   rechts: Es wurden insgesamt 86 Artikel verkauft.
   80 € hat der Fahrradladen für die Rücklichter bekommen.

Seite 12

A 1. Sie hat 23 € übrig.
   2. Beispiel: Aylin hat 48 € gespart und bekommt 30 € dazu.
   Sie kauft einen Helm für 57 €.

B 500 €, 200 €, 50 €, 50 €, 50 €, 50 €
   200 €, 200 €, 200 €, 200 €, 50 €, 50 €

C Drei Blinkis kosten 10,50 € und vier kosten 10 €.
   Sie würde 50 Cent sparen, wenn sie vier Blinkis kaufen würde.

Seite13

1. a) 1. 13 Mädchen
   3. 27 Kinder
   b) links: 15, 23, 4a, 4b, 2
   c) links: 54 Kinder rechts: 108 Mädchen
   d)

	1a	1b	2a	2b	3a	3b	4a	4b	Gesamt
Mädchen	15	16	13	17	13	15	10	9	108
Jungen	12	11	14	12	13	11	15	14	102
Gesamt	27	27	27	29	26	26	25	23	210

Seite 14

2. a)

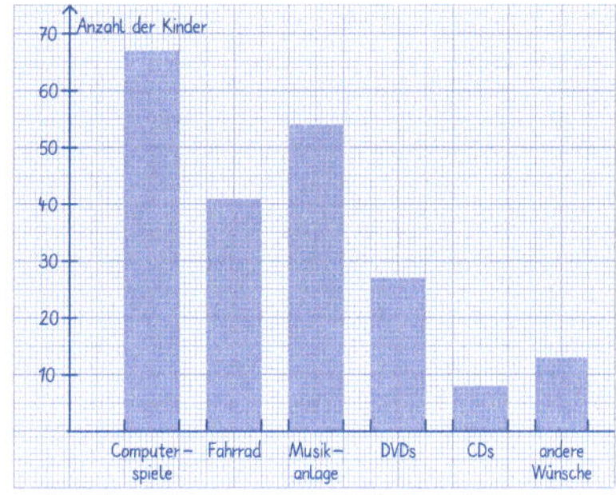

b) Computerspiele, CDs, 35, 54, DVDs, 13

3. a) Es sind heute 66 Jungen mehr als im Jahr 2000.
b) 2. 263 Jungen
3. 157 Kinder

Seite15

3. c) links: Heute gehen 547 Kinder zur Südschule.
rechts: Dann gehen 575 Kinder zur Südschule.

4. a) links: 110 Kinder haben Bronze.
rechts: 110 Kinder haben kein Abzeichen.
b)

	Seepferdchen	Bronze	Silber	Gold	kein Abzeichen	Gesamt
Mädchen	120	60	45	6	53	284
Jungen	100	50	53	3	57	263
Gesamt	220	110	98	9	110	547

Seite 16

D Es gehen zwölf Jungen und 18 Mädchen in die Klasse.

E Es fehlen die Informationen, wie viele Kinder zur Zeit in der Astrid-Lindgren-Schule sind, und wie viele Viertklässler die Schule verlassen werden.

Seite 17

1. a) **Siegermannschaften:** VfL Bochum, Hertha BSC, 1. FC Nürnberg, Bayern München, Schalke 04, Werder Bremen, Bayer Leverkusen
Unentschieden: Hansa Rostock, Hamburger SV, Energie Cottbus, VfB Stuttgart
b) 1. Es gibt die Bundesliga seit 1963. Bis zum aktuellen Jahr ergänzen.
2. Es spielen 18 Mannschaften in der Bundesliga.
3. Hansa Rostock gegen den Hamburger SV: 6 Tore.
d) links: 7, 3, 4, 1
rechts: 7, 21, 2, 25

Seite 18

2. a) Nur 1. kann stimmen.
b) links: Beginn des Spiels: 17:00 Uhr. Beginn der Pause: 17:45 Uhr.
rechts: 90 Minuten, 15 Minuten, 105 Minuten. Beginn: 17:00 Uhr.
Ende: 18:45 Uhr.

3. a) links: 18,80 €, 5,40 €, Sitzplatz, Stehplatz, 10,90 €

Seite 19

3. b) links: 53,90 €. Die dritte Antwort ist richtig.
rechts: Passende Antwort: Sie würden 19,30 € sparen.

4. a) links: 700 m
rechts: 2800 m
b) Mögliche Argumentationen:
1. Christian ist der bessere Torschütze, weil die konkrete Zahl an Toren höher ist.
2. Zaid ist der bessere Torschütze, weil die Torfrequenz höher ist. Wenn Zaid 40-mal geschossen hätte, hätte er möglicherweise häufiger als 20-mal getroffen.
Argumentationen gegenüberstellen.

Seite 20

B Beispiel: 37,50 €. Es sind zwei Kinder und ein Erwachsener.

C links: Dilbirin: rotes Trikot, weiße Hose, rote Schuhe, 24 Tore
mitte: Leon: blaues Trikot, blaue Hose, blaue Schuhe, 26 Tore
rechts: Shervan: gelbes Trikot, grüne Hose, schwarze Schuhe, 24 Tore

Seite 21

2. Beispiel: Dortmund, Münster, Osnabrück, Oldenburg, Leer, Emden
oder Dortmund, Recklinghausen, Bad Bentheim, Leer, Emden

3. a) links: Über Oldenburg, Osnabrück, Münster sind es 269 km.
rechts: Über Oldenburg, Osnabrück, Münster, Dortmund sind es 299 km.
b) links: Es gibt verschiedene Wege: 252 km (über Bad Bentheim, Osnabrück) oder 270 km (über Oldenburg, Osnabrück)
rechts: Sie ist über Osnabrück, Bad Bentheim nach Leer gefahren.

Seite 22

4. A: Bad Bentheim B: Dortmund C: Leer

5. a) links: 148 km
rechts: Bei fünf Arbeitstagen fährt er 625 km pro Woche.
b) links: 166 km

Seite 23

6.

Von Emden nach Bremen sind es 166 km.

Für den Hin- und Rückweg braucht er 180 Minuten.

Von Dortmund nach Osnabrück sind es 125 km. Mit dem Auto benötigt er 90 Minuten.

Von Bad Oeynhausen nach Bad Bentheim braucht man für eine Strecke ungefähr 1 h 20 min.

Die Strecke von Bad Bentheim nach Bad Oeynhausen ist hin und zurück 264 km lang.

Frau Weiß fährt hin und zurück insgesamt 332 km.

Herr Schnell arbeitet in Osnabrück.

Sie fährt zweimal von Emden nach Bremen und zurück. Das sind insgesamt 664 km.

Familie Groß benötigt für die Strecke von Bad Bentheim nach Bad Oeynhausen und zurück insgesamt 2 h 40 min.

Seite 24

A 1. Tag: 15 km
2. Tag: 21 km
3. Tag: 27 km
4. Tag: 33 km
5. Tag: 39 km

B 256 Kinder

C Herr Mai: Leer, Herr Baum: Bremen, Herr Fein: Münster,
Herr Schwarz: Hannover

Seite 25

1. a) 2. 45 €
3. 160 €
c) links: 5,50 €
12 €
70 €
37 €
d) links: Sie kosten zusammen 89,50 €.
rechts: Es bleiben 169 Euro übrig.

Seite 26

2. links:

Gummi-twist	Preis
1	4 €
2	8 €
3	12 €
6	24 €

Igelball	Preis
1	7 €
2	14 €
4	28 €
8	56 €

rechts:

Springseil	Preis
1	5,50 €
2	11 €
4	22 €
5	27,50 €
10	55 €

4. links: Ü: 4 · 50 € = 200 €
   Er muss etwa 200 € ausgeben.
   rechts: Er muss insgesamt 218 € ausgeben.

Seite 27

5. links: Ü: 2 · 15 € + 12 € = 42 €
   Sie muss 42,19 Euro bezahlen.
   rechts: Sie bekommt 7,81 € zurück.

6. Der Betrag ist 56 €.

7. links: Ü: 18 € + 8 € = 26 €

	1	7,	7	5	€
+		8,	4	7	€
		1	1	1	
	2	6,	2	2	€

   rechts: Das Geld reicht nicht, da der Einkauf 26,97 € kostet.

Seite 28

A

Zauberkreisel	Preis
1	3,75 €
2	7,50 €
4	15 €
5	18,75 €
8	30 €
9	33,75 €

B Beispiel: 2 · 8 Zauberkreisel: 2 · 30 € = 60 €

C Sechs Zauberkreisel kosten 22,50 €. Also hat sie mit einem 100-€-Schein bezahlt.

D Beispiel: Anna kauft sechs Fußbälle zu je 22,50 €. Sie bekommt 65 € zurück.
   Mit welchem Schein hat sie bezahlt?

E Es fehlt die Information, mit welchem Geldschein Jana bezahlt hat.

Seite 29

1. a) links:

Zutat	Menge
Mehl	500 g
Butter	250 g
Zucker	250 g
Eier	2
Salz	2 Prisen
Vanilleschote	1

rechts:

Zutat	Menge
Mehl	600 g
Butter	300 g
Vanilleschoten	$1\frac{1}{2}$
Mandeln	240 g
Margarine	480 g
Vanillezucker	3 Teelöffel

   b) 200 Butterkekse oder 250 Vanillekringel
   c) links: 56 Kekse
      rechts: 4 Bleche
   d) Es bleiben 30 Kekse übrig.

Seite 30

2. links: $2\frac{1}{2}$ kg
   rechts: 5 kg

3. a) links: 1020 g
      rechts: 2040 g

Seite 31

3. b) links: Fünf Kiwis wiegen 450 g, also **weniger** als $\frac{1}{2}$ kg.
      rechts: Zwölf Kiwis wiegen 1080 g, also **mehr** als 1 kg.

4. a)

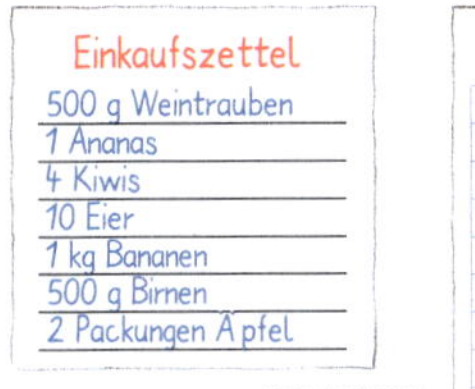

Preise
1,50 €
3,50 €
1,20 €
2,00 €
1,80 €
1,40 €
+ 4,80 €
zusammen: 16,20 €

   b) links: Es bleiben 3,80 € übrig.
      rechts: Das Eis würde zusammen 2,40 € kosten. Das Geld reicht also.

5. links: 7 · 150 g = 1050 g, B passt.
   rechts: 500 g : 2 = 250 g, C passt.

Seite 32

A Beispiel: Auf dem Blech liegen sechs Reihen mit jeweils vier Keksen.
   Marieke hat rundherum schon die äußere Reihe aufgegessen.

B 1. Beispiel: Sie könnte jeweils 1 kg Weintrauben, Bananen, Birnen und Mandarinen sowie $1\frac{1}{2}$ kg Orangen gekauft haben.
   2. Der Einkauf hat dann 11,30 € gekostet.

C Beispiel:

Einkaufszettel	Preise
500 g Weintrauben	1,50 €
1 Ananas	3,50 €
$\frac{1}{2}$ kg Orangen	0,60 €
5 Eier	1,00 €
2 kg Bananen	3,60 €
500 g Birnen	1,40 €
1 Packung Äpfel	2,40 €
2 Kiwis	0,60 €
zusammen:	14,60 €

D Lottas Tüte wiegt 6 kg, Lauras Tüte wiegt 3 kg.

Seite 33

1. a) Es sind 30 schwarze und 15 braune Kühe.
   b) links:

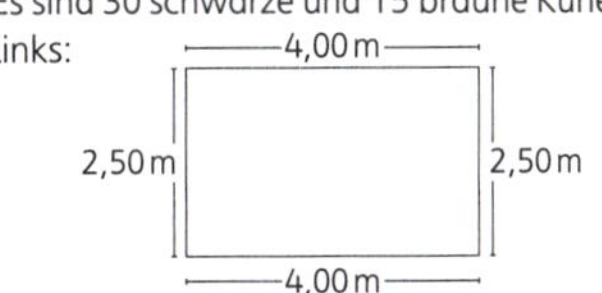

   rechts: 2,50 m + 4,00 m + 2,50 m + 4,00 m = 13,00 m
   Er benötigt 13,00 m Zaun.

2. Dienstag, Klara, 15, 700, 180, drei, 55

Seite 34

3. a)

Pferde		Hühner		Beine insgesamt
Anzahl	Beine	Anzahl	Beine	
1	4	10	20	24
2	8	8	16	24
3	12	6	12	24
4	16	4	8	24
5	20	2	4	24

5 verschiedene Lösungsmöglichkeiten

Lösungen

b)

Hunde		Enten		Beine
Anzahl	Beine	Anzahl	Beine	insgesamt
1	4	16	32	36
2	8	14	28	36
3	12	12	24	36
4	16	10	20	36
5	20	8	16	36
6	24	6	12	36
7	28	4	8	36
8	32	2	4	36

8 verschiedene Lösungsmöglichkeiten

c)

Vogelspinnen		Katzen		Beine
Anzahl	Beine	Anzahl	Beine	insgesamt
1	8	10	40	48
2	16	8	32	48
3	24	6	24	48
4	32	4	16	48
5	40	2	8	48

Antworten:
Es könnten 2 Katzen und 5 Vogelspinnen sein, aber auch andere Lösungen sind richtig.
Es können nicht 12 Katzen und 0 Vogelspinnen sein, weil Opa mindestens eine Vogelspinne gekauft haben muss.

Seite 35

5. a) Das mittlere Kreisdiagramm passt.
   b)

   c)

Tier	Zahl	Farbe
Hund	5	
Pferd	3	
Katze	4	
Vogel	2	
Fisch	2	
Meerschweinchen	3	
Vogelspinne	1	
Ratte	1	
Kaninchen	3	
Insgesamt	**24**	

Seite 36

A 1. In zwölf Ställen leben je zwei Kaninchen, in sechs Ställen lebt je ein Kaninchen.
  2. Niklas hat die Aufgabe mithilfe einer Skizze gelöst. Evtl. hat er erst alle Ställe gezeichnet, dann in jeden Stall ein Kaninchen eingezeichnet und dann die restlichen Kaninchen auf die Ställe verteilt, bis alle einen Platz haben.
     Julia hat die Aufgabe durch mehrere Rechenaufgaben gelöst.

C Drei Stangen und vier Hühner.

Seite 37

1. 1. 3 Runden
   2. 23-mal
   4. 800 m
   5. 2 Stäbe (für jede Klasse einen)

2. links: 700 m
   rechts: Marie war schneller.

Seite 38

3. a) 1 km
   d) Nein, Clara springt 10 cm weiter.
   e) Nein
   f) Ben: 200 cm mehr als Sarah
      Tim: 163 cm mehr als Ben und 363 cm mehr als Sarah

Seite 39

4. a) links: Mädchen: 625 Punkte
              Jungen: 575 Punkte
      rechts: Achtjährige Mädchen: Ehrenurkunde
              Elfjährige Mädchen: Siegerurkunde
              Neunjährige Jungen: Siegerurkunde

5.

Name	Alter	50-m-Lauf	Weitsprung	Schlagball 80 g	Gesamt	Urkunde
Felix	9 Jahre	230 Punkte	260 Punkte	255 Punkte	745 Punkte	X
Marie	10 Jahre	215 Punkte	135 Punkte	250 Punkte	600 Punkte	–
Arthur	11 Jahre	175 Punkte	275 Punkte	225 Punkte	675 Punkte	X
Anne	8 Jahre	225 Punkte	175 Punkte	224 Punkte	624 Punkte	X

Seite 40

A Sophie: 200 m, Katharina: 120 m, Clara: 100 m

B Maurice

C 21 Kegel

D 1. 19 Kinder
  2. 15 Kinder

Seite 41

1. a) Um 13:35 Uhr
   b) 105 Minuten
   c) 3 Stunden 30 Minuten
   d) 90 Minuten

2. Die verabredete Zeit: 15:30 Uhr
   Tim muss zu Hause sein: 17:00 Uhr
   Tim kommt am Spielplatz an: 15:15 Uhr
   Tim trifft Max vor dem Haus: 15:50 Uhr
   Max und Tim sind am Spielplatz: 15:55 Uhr

Seite 42

3. links: 1. Sie sind um 13:35 Uhr bei Finn zu Hause.

4. a) Es bleiben 10 Minuten.
   b) links: jeweils 15 Minuten
      rechts: Beispiel: jeweils 10 Minuten

5. links: Beispiel: Mo – Do jeweils 1 Stunde, Fr 20 Minuten
   rechts: jeweils 52 Minuten

Seite 43

6. links: Luisa hat diese Woche 91 Minuten Geige gespielt.
   rechts: Sie hätte 29 Minuten länger üben müssen.

7. links: 6 Handschläge   rechts: 10 Handschläge

9. a) Es ist in der Aufgabe nicht angegeben, von wann bis wann Mara im Reitstall war.
   b) Beispiel: Mara reitet heute von 15:00 bis 16:00 Uhr. Das Umziehen und die Pferdepflege dauern zusammen eine halbe Stunde. Wie lange war sie heute im Reitstall?

Seite 44

A Er brauchte in der Woche vor der vorigen sechs Stunden und 50 Minuten.

B Es gibt 27 Möglichkeiten.

C 15 Handschläge

D a) Nach 9 Minuten.
  b) 1024 Perlen

Umschlag

Wenn der Hund genau den gleichen Weg nimmt, den der Hase nimmt, hat er ihn nach etwa 18 s eingeholt.
Nach 18 s hat der Hase eine Strecke von 120 m + 18 · 5 m = 210 m zurückgelegt.
In derselben Zeit schafft der Hund 18 · 12 m = 216 m.